Walter Dürr/Stefan Wenger (Hg.)
Theologische Bildung und Spiritualität

GLAUBE UND GESELLSCHAFT

Herausgegeben von
Walter Dürr und Stefan Wenger

Band 1

(STUDIA OECUMENICA FRIBURGENSIA 65)

Walter Dürr/Stefan Wenger (Hg.)

Theologische Bildung und Spiritualität

Wie akademische Theologie
kirchliche Praxis inspirieren kann

Münster
2015

Veröffentlicht mit Unterstützung des Hochschulrates
der Universität Freiburg Schweiz sowie einem Publikationszuschuss von den
Reformierten Kirchen Bern-Jura-Solothurn

Satz: Studienzentrum für Glaube und Gesellschaft
Umschlaggestaltung: Manuel A. Dürr

© 2015 ASCHENDORFF VERLAG GMBH & CO. KG, MÜNSTER
www.aschendorff-buchverlag.de

Das Werk ist urheberrechtlich geschützt. Die dadurch begründeten Rechte, insbesondere die der Übersetzung, des Nachdrucks, der Entnahme von Abbildungen, der Funksendung, der Wiedergabe auf fotomechanischem oder ähnlichem Wege und der Speicherung in Datenverarbeitungsanlagen bleiben, auch bei nur auszugsweiser Verwertung, vorbehalten. Die Vergütungsansprüche des § 54, Abs. 2, UrhG, werden durch die Verwertungsgesellschaft Wort wahrgenommen.

Printed in Germany
Gedruckt auf säurefreiem, alterungsbeständigem Papier ∞
ISBN 978-3-402-11998-3

Für Pfarrer Markus Jakob,
der uns stete Bildung ans Herz gelegt hat

Inhaltsverzeichnis

Guido Vergauwen
    Vorwort 9

Walter Dürr und Stefan Wenger
    Einleitung in den Band 11

Walter Dürr
I   Zuneigung und Dialog – Glauben in einer pluralistischen Gesellschaft 17
    Replik: Joel Gerber

Ralph Kunz
II   Geschichte, Gegenwart und Zukunft der christlichen Gemeinde 45
    Replik: Andreas Steingruber

Ulrich Luz
III   Neutestamentliche Impulse zum Wesen und Auftrag der Kirche 69
    Replik: Kathrin und Oliver Dürr

Martin Brüske

IV Die Wirklichkeit des Fests. Bemerkungen zur Feier der Osternacht 91

   Replik: Eva Glauser

Gregor Emmenegger

V Spiritualität und akademisches Studium in der alten Kirche .. 105

   Replik: Katharina Jaisli und Corinne Kurz

Nicholas Thomas Wright

VI Rechtfertigung. Gottes Plan und die Sicht des Paulus 117

   Replik: Simon Dürr

Barbara Hallensleben

VII „Ihr werdet meine Zeugen sein" (Apg 1,8) 139

   Replik: Nicolas Matter

Bernhard Ott

VIII ‚Fit for purpose' – Theologische Ausbildung, die fit für die Zukunft ist 155

   Replik: Stefan Wenger

Vorwort

Die Landeskirchliche Gemeinschaft Jahu feiert dieses Jahr ihr 40jähriges Bestehen. Der Dominikaner und geistliche Schriftsteller Johannes Tauler (um 1300 – 1361) vergleicht einmal in einer Predigt zum Fest Christi Himmelfahrt die vierzig Tage zwischen Ostern und Himmelfahrt mit den vierzig Jahren im menschlichen Leben.

> „Der Mensch tue, was er wolle, und fange es an, wie er wolle, er kommt niemals zu wahrem Frieden, noch wird er dem Wesen nach ein Mensch des Himmels, bevor er an sein vierzigstes Lebensjahr kommt. Bis dahin ist der Mensch mit so vielerlei beschäftigt, und die Natur treibt ihn hierhin und dorthin, und manches ist, was die Natur (in ihm) oft beherrscht, während man wähnt, es sei ganz und gar Gott, und er kann nicht zu wahrem, vollkommenem Frieden kommen noch ganz des Himmels werden vor jener Zeit".

Auf vierzig Jahre der „Bereitung des Lebens" (Tauler) kann die Landeskirchliche Gemeinschaft zurückblicken: Initiative, geduldige Konzeptarbeit und Ausdauer, Hören auf Gottes Wort, Hingabe von Herz und Seele, Entfaltung vieler Charismen. Heute bezeugt die Gemeinschaft in mancher Hinsicht ihre geistgewirkte Dynamik – in der Intensität ihrer „Fürbitte für die Schwestern und Brüder", die nach Dietrich Bonhoeffer dem gemeinsamen Leben Zusammenhalt gewährt, in ihrer Jugend- und Bildungsarbeit, in ihrem sozialen Engagement, in ihrer Offenheit für die verschiedenen christlichen Traditionen.

Als eine weitere „Frucht" der Gemeinschaft Jahu entstand vor zwei Jahren das *Studienzentrum Glaube und Gesellschaft,* das im Rahmen des *Instituts für ökumenische Studien* der Universität Freiburg durch ein Angebot von Studientagen, Vorträgen, Begegnungen und Lernerfahrungen die notwendige enge Beziehung von theologischer Reflexion und kirchlichem Leben vertiefen will. Dies kommt programmatisch zum Ausdruck im Titel des ersten Bandes der neuen Buchreihe: *Theologische Bildung und Spiritualität.* Das Direktorium des Instituts für ökumenische Studien freut sich über diese neue Buchreihe, die innerhalb der *Studia Oecumenica Friburgensia* und mit den Reihen *Epiphania* und *Epiphania Egregia* die Lebendigkeit des heutigen ökumenischen Lernprozesses eindrücklich bezeugt.

Wie die Apostel nach Christi Himmelfahrt zehn Tage in betender Erwartung verbrachten, bis sich das Wort Jesu erfüllt und ihnen der Heilige Geist, der wahre Tröster, gesandt wurde, so muss der vierzigjährige Mensch – und somit wohl auch die jetzt vierzigjährige Landeskirchliche Gemeinschaft – nach Tauler nochmals zehn Jahre um den Heiligen Geist bitten, damit seine/ihre Existenz nachhaltig gestärkt werde.

„Ungeachtet er im Alter von vierzig Jahren zur Besonnenheit gekommen ist und himmlisch und göttlich geworden und seine Natur einigermassen überwunden hat, braucht er doch zehn Jahre und ist um die fünfzig herum, ehe ihm der Heilige Geist in der edelsten und höchsten Weise zuteilwerde, eben dieser Heilige Geist, der ihn alle Wahrheit lehrt". In dieser Zeit soll der Mensch „sich einsenken, einschmelzen in das reine, göttliche, einfache innere Gut" (Tauler)

und sich in der Treue zu seinem göttlichen Ursprung festigen. Diese Kraft und Festigkeit sei der Landeskirchlichen Gemeinschaft Jahu für die nächsten Jahre von Herzen gewünscht – damit ihre Mitglieder heute und morgen wirklich „Säulen der Welt und der heiligen Kirche" (Tauler) sein können.

Prof. Dr. Guido Vergauwen
Direktor des Instituts für Ökumenische Studien
Universität Fribourg/Freiburg, Schweiz

Einleitung in den Band

Die landeskirchliche Gemeinschaft Jahu[1] in Biel hat Walter Dürr als ihren leitenden Pfarrer von 2000 bis 2003 für die Erarbeitung einer Dissertation von seinen Verpflichtungen teilweise freigestellt. Die Gemeinschaft hat dabei zwei Interessen verfolgt: einerseits einen Leiter zu haben, der sich beruflich weiterbildet, andererseits die Erfüllung des Wunsches nach einer kritischen Reflexion der eigenen Praxis im Rahmen einer wissenschaftlichen Arbeit. Dem hat auch der Titel der von Prof. Dr. Leo Karrer begleiteten Arbeit entsprochen: *Christliche Gemeinschaft in der Spannung von Sammlung und Sendung*.[2] Damit wollte die Jahu-Gemeinschaft ihre gewachsene Reich Gottes-Theologie mit den Erträgen der neutestamentlichen Forschung vergleichen und weiterentwickeln. Ausserdem sollte nach Handlungsimpulsen für die kirchlichen und gesellschaftlichen Herausforderungen unserer Zeit gefragt werden, die sich aus dieser Perspektive ergaben.

Die Reich Gottes-Sicht der Jahu-Gemeinschaft hat bereits 1997 zur Gründung des Instituts für biblische Reformen (IBR) geführt. Am jährlichen *Transforum* wollte man Menschen sammeln und ausrüsten, die den Glauben nicht bloss als eine Art Garantieschein in den Himmel verstehen, sondern vor allem als eine Berufung dafür, den Himmel auf der Erde zu antizipieren. Diese Konferenz war lange ein prominenter Teil des Jahres-Programms der Jahu-Gemeinschaft. Als das IBR im Jahr 2009 geschlossen worden war, verlagerte sich ein Teil der Aktivitäten auf die lokale ökumenische Zusammenarbeit sowie auf die Bieler Jugendkulturtage X-Days, die man als Engagement „für das Wohl der Stadt" (Jer 29,7) verstand, als einen Beitrag an das Allgemeinwohl der Bevölkerung.

Ab 2010 begannen einige junge Mitglieder der Jahu-Gemeinschaft in Freiburg Theologie zu studieren. Daraus ergaben sich erweiterte Kontakte zur Fakultät; erste Vorträge von Professoren/-innen in der Jahu-

---

[1] Der ursprüngliche Treffpunkt im *Jabärghuus* am Beaulieuweg 21 im Metter Quartier in Biel hat der Jugendgruppe ihren Namen verschafft. Jahu erinnert aber auch an den hebräischen Namen Gottes: JHWH.

[2] Dürr, Walter M., Christliche Gemeinschaft in der Spannung von Sammlung und Sendung, Eine praktisch-theologische Arbeit über die Jahu-Bewegung und ihre Reich Gottes-Theologie im Kontext gesellschaftlicher und kirchlicher Herausforderungen, Fribourg 2004.

Gemeinschaft folgten. Bald kam die Rückfrage, ob bei dem regen Austausch, der da stattfindet, die Studenten nicht eine Veranstaltung in Freiburg gestalten könnten. Daraus erwuchs die Idee, eine gemeinsame Veranstaltung mit Prof. Dr. Nicholas Thomas Wright (Tom Wright) an der Universität zu planen. Das überraschend positive Echo während der Vorbereitungen sowie die erstaunliche Breite der gewonnenen Trägerschaft (von Akademie bis Kirchen aus katholischen, reformierten und freikirchlichen Institutionen) führten zur Überzeugung, diese Studientage im Sinne eines Beitrags zur theologischen und gesellschaftlichen Erneuerung zu institutionalisieren. Dem entsprechend wurde während der ersten Studientage in Freiburg im Juni 2014 die offizielle Eröffnung des *Studienzentrums für Glaube und Gesellschaft* (SGG) am Ökumenischen Institut (ISO) der Universität Freiburg gefeiert.

Mit diesem kurzen Rückblick sollte hinreichend deutlich geworden sein, wieso der erste Band der neuen Publikationsreihe des *Studienzentrums Glaube und Gesellschaft* der Jahu–Gemeinschaft gewidmet ist. Hinzu kommt, dass die Jahu–Gemeinschaft im Jahr 2015 ihr 40-Jahre-Jubiläum feiert. Die Gemeinschaft nimmt dieses Jubiläum zum Anlass dafür, einige wissenschaftliche Vorträge, die während der vergangenen Jahre zum Teil in der Gemeinschaft gehalten worden sind, zu publizieren und damit als Ertrag für die eigenen Gemeinschaftsglieder und andere Interessierte fruchtbar zu machen (Aufsätze). In einem zweiten Schritt sollen jeweils die praktischen Erträge dieser Vorträge im Leben der Gemeinschaft dargestellt werden (Repliken). Damit soll die Brücke von akademischer Theologie zu Spiritualität und Praxis in der Jahu–Gemeinschaft – inklusive deren gesellschaftlichen Engagements – geschlagen werden.

Im ersten Kapitel erklärt Dr. Walter Dürr, Pfarrer der Landeskirchlichen Gemeinschaft Jahu und Direktor des Studienzentrums für Glaube und Gesellschaft an der Universität Freiburg, die Grundlagen des Studienzentrums und entfaltet eine Einführung, wie sich Glaube und Gemeinschaft in einer postmodernen, pluralistischen Gesellschaft einbringen kann und soll und welche Rolle dabei dem Studienzentrum zukommt. Die Frage, wie normative Aussagen in einem pluralistischen Kontext gedacht werden können, steht dabei im Focus.

Im zweiten Kapitel wagt Dr. Ralph Kunz, Professor für Praktische Theologie an der Universität Zürich, einen Rückblick über die Entwicklungen der Landeskirchen in den letzten zweihundert Jahren in der

Schweiz. Er macht auf drei Fragenkreise aufmerksam, deren Beantwortung die Zukunft von christlicher Gemeinde und Gemeinschaften in der Gesellschaft des 21. Jahrhunderts mitprägen wird. Damit können gewisse Spannungen und Auseinandersetzungen der kirchlichen Gemeinschaften mit ihren reformierten Landeskirchen eingeordnet werden. Die Herausforderungen für die Zukunft der Kirche werden damit zwar nicht kleiner, aber verständlicher.

Im dritten Kapitel führt Dr. Ulrich Luz, emeritierter Professor für Neues Testament an der Universität Bern, in die Vielfalt der Kirchenbilder ein, die nebeneinander und zum Teil scheinbar sogar gegeneinander im Neuen Testament stehen. Doch bei aller Vielfalt sind sie doch Teil des einen Kanons und damit die Vorgabe für alle modernen Formen von Kirche und Gemeinschaften. Und diese Vorgabe ist für alle eine bleibende Herausforderung, sich immer wieder zu reformieren. Dieser Vortrag hatte eine besondere Wirkung in der Jahu-Gemeinschaft, insofern als man in der eigenen 40 Jahre dauernden Geschichte vier unterscheidbare Phasen erkannte, in der die Gemeinschaft jeweils ein anderes dieser neutestamentlichen Bilder favorisiert und dementsprechend andere Schwerpunkte entwickelt hatte.

Dr. Martin Brüske, Oberassistent im Bereich der Dogmatik an der Universität Freiburg, bietet im vierten Kapitel eine Einführung in die Bedeutung und den Reichtum des Kirchenjahres anhand der Osternachtfeier aus katholischer Perspektive. Damit ist eine Entwicklung der Jahu-Gemeinschaft der letzten Jahre angesprochen, in der man zunehmend entdeckt hat, welche Schätze sich auf der Reise durch das Kirchenjahr gewinnen lassen. Damit ist auch gesagt, wie wertvoll eine solche Vergegenwärtigung bzw. Aktualisierung des jeweiligen Festes ist und weitaus mehr darstellt als eine „blosse Erinnerung". Darüber hinaus gibt es so etwas wie ein „Minikirchenjahr" jeden Tag durch das Tagzeitengebet und die Wiederentdeckung des Psalmengebetes in der täglichen Praxis.

PD Dr. Gregor Emmenegger, Lehr- und Forschungsrat für Patristik und Dogmengeschichte an der Universität Freiburg, weist im fünften Kapitel darauf hin, wie sich das frühe Christentum zum grossen Teil als Bildungsbewegung verstand, jedoch nicht um der Bildung selbst, vielmehr um einer wachsenden Liebe zu Gott und der Menschen und sogar um Gottes guter Schöpfung willen. Damit sind die profanen Wissenschaften ebenso gewürdigt wie die spezifisch theologischen Disziplinen. In diesem Zusammenhang wird auch deutlich, wie evangelisch (Evangeliums-gemäss) die Kirchenväter dachten und wie zentral die Rolle von Gottes Wort in dieser Zeit gewesen ist.

Das Referat über Rechtfertigung im sechsten Kapitel von Dr. Nicholas Thomas Wright, Research Professor für Neues Testament und frühe Christenheit an der Universität St. Andrews (Schottland), wurde in Freiburg anlässlich der Verleihung seiner Ehrendoktorwürde gehalten. Für Wright ist es ironisch, dass die Lehre des Paulus, dass wir alle, Juden und Heiden, durch die Rechtfertigung Teil des einen Gottesvolkes „in Christus" geworden sind, dass gerade diese Lehre zum Zankapfel der Trennung der Westkirche geworden ist. Umso dankbarer sind wir über die heutigen Fortschritte in der Ökumene, auch gerade durch die Arbeiten von Wright. Wright steht übrigens auch für einen weiteren Brückenschlag innerhalb der christlichen Theologie. So will er die Resultate der neutestamentlichen Wissenschaft wieder vermehrt fruchtbar machen und ins Gespräch mit der Systematik (Dogmatik) bringen – und umgekehrt. Damit soll, bei aller Betonung der Bäume und ihrer Einzelheiten, auch wieder der ganze Wald in den Blick der Theologie geraten.

Dr. Barbara Hallensleben, Professorin für Dogmatik und Theologie der Ökumene an der Universität Freiburg, bespricht im siebten Kapitel die Frage, wie Mission in der heutigen Zeit zu denken ist und welchen gesellschaftlichen Bedingungen sie heute begegnet. Auch das ein Thema, das die Jahu-Gemeinschaft im Laufe der Zeit immer wieder beschäftigt hat. Wie sehr der Wandel in die sogenannte Postmoderne (oder entfaltete Moderne) nicht nur die Methoden, sondern vielmehr das Wesen der Mission selbst verändert und sie zu einem dialogischen Geschehen transformiert hat, weist dieser Beitrag nach.

In eine ähnliche Richtung weist das achte Kapitel von Dr. Bernhard Ott, Dekan der Akademie für Weltmission, Korntal (D), Direktor der European Evangelical Accrediting Association (EEAA) und Dozent am Theologischen Seminar Bienenberg, Liestal. Er schliesslich den Bogen und kommt auf die Perspektiven und Wege heutiger theologischer Bildung im Kontext einer entfalteten Moderne zu sprechen. Ott zeichnet anhand der Jünger auf dem Weg nach Emmaus einen pädagogischen Weg nach, auf dem theologische Bildung neben der kognitiven auch die existenzielle Dimension umschliesst.

Es bleibt uns zu danken – und zwar zunächst den oben genannten Personen: Ralph Kunz, Ulrich Luz, Martin Brüske, Gregor Emmenegger, Nicholas Thomas Wright, Barbara Hallensleben und Bernhard Ott. Sie haben die Hauptbeiträge des vorliegenden Bandes geschrieben – herzlichen Dank! Dann aber lebt der vorliegende erste Band der neuen Reihe *Glaube und Gesellschaft* auch wesentlich von den Repliken, die von verschiedenen Personen aus dem Kreis der Landeskirchlichen Gemeinschaft Jahu beigetragen worden sind. Diese kurzen „Ant-Worten" versuchen jeweils, den voranstehenden Beitrag aus der Sicht eines Jahu-Gemeinschaftsgliedes und im Horizont der Jahu-Gemeinschaft und ihrer Geschichte zu würdigen. Hier wird deutlich, wie akademische Theologie kirchliche Praxis inspirieren kann - und umgekehrt; ein Faktum, das im Untertitel des vorliegenden Bandes aufgegriffen wird. Unser herzlicher Dank gilt daher auch Joel Gerber, Andreas Steingruber, Kathrin und Oliver Dürr, Eva Glauser, Katharina Jaisli und Corinne Kurz, Simon Dürr und Nicolas Matter. Schliesslich danken wir Herrn Guido Vergauwen, der als Direktor des Instituts für Ökumenische Studien an der Universität Freiburg das Vorwort in die neue Reihe *Glaube und Gesellschaft* geschrieben hat. Und last but not least danken wir Herrn Patrick Wenger für seine grosse Hilfe beim Erstellen der Druckvorlage und Herrn Andreas Steingruber bzw. dem Aschendorff Verlag ganz herzlich für die administrative und verlegerische Betreuung der vorliegenden Publikation.

Im Juli 2015,
Walter Dürr und Stefan Wenger (Hg.)

I Zuneigung und Dialog – Glauben in einer pluralistischen Gesellschaft

Von Walter Dürr

Das Studienzentrum für Glaube und Gesellschaft in der Spannung von akademischer Theologie, Gemeindepraxis und Gesellschaft

Christliche Gemeinschaft in der Spannung von Sammlung und Sendung,[3] so lautete 2004 der Titel meiner Dissertation. Damals ging es um die Jahu-Gemeinschaft und ihre Reich Gottes-Theologie im Kontext kirchlicher und gesellschaftlicher Herausforderungen. Diese Arbeit wurde wegweisend für die Jahu-Gemeinschaft und später auch für das Studienzentrum.

1 Handlungsperspektiven in theologischer Reflexion

Die Frage der kulturellen und kirchlichen Erneuerung in Europa im Lichte der erarbeiteten Reich Gottes-Kriterien wurde im elften Kapitel meiner Dissertation behandelt.[4]

Dabei wird unter anderem deutlich: Auch wenn die Kirche heute nicht mehr ein Sinnstiftungsmonopol hat, leistet sie trotzdem einen unverzichtbaren Beitrag zur geistigen Orientierung innerhalb einer pluralistischen Gesellschaft. So formuliert Wolfgang Huber, der ehemalige lutherische Bischof von Berlin-Brandenburg, die Herausforderung der Gesellschaft in der späten Moderne: „Pluralisierung und Wertewandel in der Gesellschaft machen eine Verständigung über die Werte erforderlich, die, unbeschadet unterschiedlicher Überzeugungen und Lebensformen, gemeinsam anerkannt werden können und müssen."[5]

In aller Kürze werden hier auf der Grundlage meiner Dissertation die Handlungsimpulse zusammengefasst, denn diese sind für die Jahu-

---

[3] Vgl. Anm. 2.
[4] Handlungsimpulse für die Erneuerung von Kirche und Welt, in: Dürr, Gemeinschaft, 357–378.
[5] Huber, Wolfgang, Kirche in der Zeitwende. Gesellschaftlicher Wandel und Erneuerung der Kirche, Gütersloh 1999, 11.

Gemeinschaft wichtig und haben darüber hinaus die Grundlagen des Studienzentrums inspiriert.

1.1 Erneuerung der europäischen Kultur durch eine post-kritische Philosophie

Zwischen dem Rückzug in moderne Absolutismen und der Flucht nach vorne in den sogenannten postmodernen Relativismus soll eine zu erarbeitende postkritische Philosophie eine kulturelle Erneuerung ermöglichen:

So kann Bassam Tibi davon sprechen, dass Europa einen Weg finden muss zwischen Euroarroganz (Kolonialismus) und Selbsterniedrigung (multikultureller Wertebeliebigkeit). Für ihn stellt die sich abzeichnende „Werte-Beliebigkeit zunehmend eine Gefahr für den inneren und äusseren Frieden der europäischen Gesellschaft"[6] dar.

Nach Jürgen Habermas gilt es, die unabgeschlossene Dialektik des abendländischen Säkularisierungsprozesses in Erinnerung zu rufen. Es müsse neu klar werden, was Säkularisierung in einer postsäkularen Welt bedeuten könne. Denn auch der weltanschaulich neutrale Staat verspricht "sich lernbereit und offen zu halten, und zwar auf beide Seiten hin, ohne seine Eigenständigkeit preiszugeben, gleichsam osmotisch nach beiden Seiten hin geöffnet, zur Wissenschaft und zur Religion."[7] Habermas will einen offenen Dialog der Zivilgesellschaft. Dieser Dialog der Kulturen ist notwendig, damit ein „Kampf der Kulturen"[8] verhindert werden kann.

> „Wenn also die säkularisierte Zivilgesellschaft die Tatsache anerkennt, dass die grundlegenden Überzeugungen auch des öffentlichen Lebens zwar plausibel sind, aber letztlich nicht mehr bewiesen werden können, sondern als ‚öffentliche Wahrheit' immer auch zu glauben sind (so Lesslie Newbigin) und dass diese z.T. auch eine religiöse Fundierung haben, dann kann sie auch bewusst den Dialog über diesen ‚Vertrauensrahmen' einrichten. In einem solchen Dialog können die Kirchen ihr biblisches Verstehensmodell als

---

[6] Tibi in; Dürr, Gemeinschaft, 362 (Literatur).
[7] A.a.O., 363.
[8] So die unglückliche deutsche Übersetzung von Samuel P. Huntington's „Clash of Civilisations", der nach Tibi auf Wertekonflikte und nicht auf „Kampf" hinweisen soll.

Basis für eine tiefgreifende Erneuerung unserer Kultur anbieten; denn ohne eine solche an die Wurzel reichende Erneuerung hat unsere Kultur nach Basil Hume und Lesslie Newbigin keine Zukunft."[9]

1.2 Erneuerung der europäischen Kirche im Licht der Reich Gottes-Kriterien

Damit die Kirche sich bei einem solchen Dialog auf Augenhöhe mit den Teilnehmern der Zivilgesellschaft fruchtbar einbringen kann, muss sie sich allerdings zuerst selbst erneuern (lassen). Denn auch sie hat „in den Kriterien des Reiches Gottes ihre bleibenden kritischen Vorgaben und damit einen Massstab, den die Kirche immer zuerst bei sich selber anzulegen hat, bevor sie in einem zweiten Schritt das Reich Gottes der Menschheit proklamiert."[10]

Nach Bischof W. Huber muss sich die evangelische Kirche darum wieder auf das Glaubensthema konzentrieren und dadurch ihre Selbstsäkularisierung korrigieren.[11] Damit sind Themen angesprochen, die an dieser Stelle nur erwähnt werden können. Dazu gehört die Überwindung der Meinung, der Glaube sei Privatsache und habe im öffentlichen Diskurs nichts zu suchen.

Als ein weiterer wichtiger Schritt wurde auch die Weiterentwicklung der Kirche von einer staatsanalogen zu einer intermediären Institution postuliert.[12] Das bedeutet, dass die Privilegien der Staatskirche, die durch die Säkularisierung schon lange in Frage gestellt werden, im Zuge des religiösen Pluralismus zunehmend anachronistisch werden. Eine ärmere, bescheidenere Kirche hat allerdings die Möglichkeit, ihre Glaubwürdigkeit zurückzugewinnen, indem sie sich selbst durch die Botschaft Jesu vom Reich Gottes erneuern lässt, um sich dann mutig und demütig in den Dialog der Zivilgesellschaft einbringen zu können.

Nur auf dieser Grundlage ist eine Neuevangelisierung Europas und die intendierte kulturelle Erneuerung denkbar. Soweit die Skizze der Handlungspostulate aufgrund meiner Dissertation zur notwenigen Erneuerung von Kirche und Kultur.

---

[9] Dürr, Gemeinschaft, 367f.
[10] A.a.O., 372.
[11] Huber, Kirche, 12.
[12] Dürr, Gemeinschaft, 376.

2 Zuneigung – und die innerchristliche Ökumene der Herzen

Wer sich eine geistige und kulturelle Erneuerung der Kultur wünscht, der muss eine Erneuerung der Kirche im Lichte des Reiches Gottes anstreben. Ein wichtiger Teil, eventuell sogar eine Voraussetzung dieser Erneuerung, stellt die Einheit der Christen, die innerchristliche Ökumene, dar.

Warum diese auch für die Jahu-Gemeinschaft wichtig ist und welche Hindernisse in ihrem Wege stehen, ist in *Christen im Umbruch. Mit Glaube, Liebe, Hoffnung im 21. Jahrhundert*[13] formuliert worden:

> „Christen zeichnen sich in der Praxis oft nicht durch Liebe und Einheit aus, sondern eher durch Abgrenzung und Vorurteile, natürlich immer im Namen der ‚Wahrheit'. So wurde in der Vergangenheit der ‚richtige' Glaube oft zu einem Anlass der Trennung, weil ‚die anderen' ja nicht den richtigen Glauben hatten. Theologische und kulturelle Vielfalt wurde oft als Bedrohung empfunden, man war grundsätzlich lieber unter sich" (60f).

Die Frage, wie man von einem Gegeneinander zum innerchristlichen ökumenischen Miteinander kommt, ist auch ein Grundanliegen der Bewegung *Gemeinsam für Europa*[14]. Für die beiden zwischenzeitlich verstorbenen Gründerpersönlichkeiten, Chiara Lubich von der Fokular-Bewegung und Helmut Niklas vom CVJM-München, waren in diesem Zusammenhang die Begriffe *Ökumene der Herzen* und *Zuneigung*[15] zentral. Von Helmut Niklas inspiriert, nähern wir uns dem Begriff der Zuneigung an. Wir tun dies anhand einer Betrachtung der *Deesis* aus der Hagia Sofia in Istanbul, ehemals Konstantinopel.

> „Auf dem prächtigen Mosaik aus dem 11. Jahrhundert ist Jesus als Christus, als Weltrichter zu erkennen. In der linken Hand das Wort Gottes, die rechte Hand im Gestus des Richters, als Herr der ganzen Welt. Zur seiner Rechten ist Johannes der Täufer, der ‚höchste' im ersten Bunde (Mt 11,11), zu seiner

---

[13] Dürr, Walter, Christen im Umbruch. Mit Glaube, Liebe, Hoffnung im 21. Jahrhundert, Castel San Pietro 2012. Der folgende Abschnitt ist an dieses Werk angelehnt; Seitenzahlen stehen im Text in Klammern.
[14] Vgl. http://www.miteinander-wie-sonst.org.
[15] Vgl. Aschoff, F. et al. (Hrsg.), Zuneigung. Christliche Perspektiven für Europa, Gnadenthal 2007.

Linken Maria, die erste, die sich Gott im zweiten Bunde mit den Worten ‚mir geschehe nach deinem Willen, Herr' zur Verfügung stellte.

Das Zentrale an diesem Bild ist ihre Zuneigung zu Christus. Je weiter sie sich Jesus zuneigen, desto näher kommen sie ihm. Aus dem physischen Zuneigen wird mehr und mehr eine Herzenszuwendung, sie werden immer christusähnlicher, ohne aber ihre Originalität zu verlieren. Das Erstaunlichste geschieht nun ‚wie von selbst.' Je mehr sich Johannes und Maria Jesus Christus zuneigen, desto näher kommen sie sich auch gegenseitig, ohne jedoch ihre eigene Position verlassen zu müssen. Johannes steht in seiner Tradition und Geschichte, die er nicht verleugnen kann und auch nicht soll. Auch Maria steht für ihren eigenen Weg und ihre Erfahrungen mit Gott. Beide erfüllen ihre Aufgabe in der Zuneigung, in der Annäherung an Jesus, doch sie können ihren eigenen Weg zu Jesus nicht mehr in Abgrenzung von anderen Christen definieren. *Vielmehr wird deutlich, dass die Menschen, die sich Jesus zuneigen, sich auch unvermeidlich gegenseitig näher kommen.* Wenn Jesus wirklich unsere Mitte ist, dann kommen wir sogar denen näher, die sich auf völlig andere und vielleicht in unseren Augen sogar falsche Art und Weise Jesus nähern. Doch das ist dann nicht unsere Verantwortung, das dürfen wir dem Herrn überlassen" (61f; kursiv W.D.).

Eine solche Kultur der *Zuneigung zu Christus* und der *Ökumene der Herzen*[16] ist leider auch heute noch alles andere als selbstverständlich. Es gibt

---

[16] So hat sich kürzlich auch der Landesbischof der Evangelisch-Lutherischen Kirche in Bayern, Heinrich Bedford-Strohm, für ein neues Verständnis der

immer noch Gruppierungen, die sich nicht sicher sind, ob sie nicht durch die Ökumene die Wahrheit ihres Glaubens verraten würden. Doch eine solche *nicht-exklusive christliche Pluralität* ist kein Relativismus im Sinne von: „Nehmt doch die Theologie um Gottes Willen nicht so ernst, das bringt nur Streit!" Denn bei der Zuneigung zu Jesus Christus muss niemand faule Kompromisse eingehen oder seine Wahrheit verleugnen.

Vielmehr handelt es sich hier um die epistemische Demut, von der schon Paulus gesprochen hat, wenn er sagt, dass alle unsere Erkenntnis (auch die theologische) blosses Stückwerk ist (vgl. 1 Kor 13,9) und wir alle darum immer auch von der Perspektive der Anderen lernen können. Nicht die Wahrheit ist in der Kultur der Zuneigung relativiert, nur mein Teil der Erkenntnis dieser Wahrheit ist subjektiv, also relativ zu meiner Position und damit begrenzt. Gerade darum sind Gemeinschaft und Multiperspektivität (Dialog der Perspektiven) so wichtige Teile im Prozess des Erkennens.

Auch für Jesus war ja die Wahrheit nicht einfach in Sätzen festzuhalten, sondern hatte mit Weg-Gemeinschaft zu tun. So konnte er sagen: „An ihren Früchten [der Liebe zu Gott und zum Nächsten] werdet ihr sie erkennen" (Mt 7,16.20) und nicht an der von ihnen behaupteten ‚Wahrheit'.

Wie aber kann die Wahrheit des Glaubens und die Komplexität der heutigen Gesellschaft überhaupt vermittelt werden? Damit kommen wir zur Gründung des *Studienzentrums für Glaube und Gesellschaft* an der Universität Freiburg in der Schweiz.

3 Die Vermittlung von Glauben in der heutigen Gesellschaft

Am 10. Juni 2014 ist im Rahmen der Studientage zur theologischen und gesellschaftlichen Erneuerung mit N.T. Wright an der Universität Freiburg das Studienzentrum für Glaube und Gesellschaft eröffnet worden.[17]

Ökumene ausgesprochen: „Die Ökumene muss zu einer Ökumene der Herzen werden", forderte er. Diese Einsicht ersetze nicht den Streit um die Wahrheit, sondern rücke ihn in die richtige Perspektive. Pressemitteilung vom 30.5.2014, http://www.bayern-evangelisch.de.

[17] Vgl. Presseartikel: http://www.glaubeundgesellschaft.ch/uploads/media/FN_20140614.pdf.

Der damalige Rektor der Universität, Prof. Dr. Guido Vergauwen, bezeichnete das Zentrum als einen weiterführenden Schritt für das Ökumenische Institut der Universität, denn das Studienzentrum will die inner-evangelische Ökumene an den Tisch der grösseren Ökumene bringen. Die Absichten und Ziele des Studienzentrums sind im Zweckartikel der Statuten festgehalten.[18]

Interessant ist dabei unter anderem die innere Kontinuität zu den Handlungsimpulsen, die oben beschrieben worden sind. Das Studienzentrum kann insofern als eine Weiterentwicklung meiner Dissertation verstanden werden.

Drei Schwerpunkte des Studienzentrums seien im Folgenden knapp entfaltet: Brücken über theologische Gräben schlagen, die Reich Gottes-Theologie im Dialog mit der Gesellschaft vertiefen sowie kreative theologische Grundlagenarbeit fördern.

3.1 Das Studienzentrum schlägt Brücken über theologische Gräben

Das Studienzentrum schlägt Brücken zwischen akademischer Theologie, verschiedenen Ausdrucksformen christlicher Spiritualität und Gemeindepraxis und dem gesellschaftlichen Leben. So beschreiben die Statuten des Studienzentrums den ersten Schwerpunkt seiner Arbeit.

Das Bild der Brücke wird verstanden als eine Verankerung an zwei unterschiedlichen (ev. sogar gegensätzlichen) Flussufern und einer Verbindung zwischen den beiden Positionen. Sie ermöglicht damit den Austausch und den Dialog und fördert Beiträge zur Verständigung und mithin Versöhnung über sprachliche, kulturelle, politische, religiöse und konfessionelle Grenzen hinweg. Konkret:

Das Studienzentrum bringt die innerevangelische Ökumene an den Tisch der grösseren Ökumene. Diese umfasst das interkonfessionelle christliche Gespräch der evangelischen, katholischen und orthodoxen Welt. Aus diesem Grund ist das Studienzentrum am ökumenischen Zentrum[19] der Universität Freiburg angegliedert.

---

[18] Vgl. http://www.glaubeundgesellschaft.ch/ueber-uns/geschichte/ sowie die Statuten unter http://www.glaubeundgesellschaft.ch/ueber-uns/ organisation/statuten/.
[19] Vgl. http://www.unifr.ch/iso/de/.

Auf die Probleme der „evangelisch-katholischen Amtsökumene" in der Schweiz hat kürzlich der Präsident des Schweizerischen Evangelischen Kirchenbundes, Gottfried Locher, hingewiesen. Er hat deshalb für die reformierten Landeskirchen einen pragmatischen Perspektivenwechsel auf die „innerprotestantische Einheit"[20] angeregt.

Für das Studienzentrum bedeutet ‚innerevangelischen' Ökumene' allerdings mehr als „Amtsökumene" oder das reformierte Näherrücken im Kirchenbund. Es geht um die beschriebene Ökumene der Herzen. Das beinhaltet unter anderem das konstruktive Gespräch zwischen den Freikirchen (VFG),[21] der Schweizerischen Evangelischen Allianz (SEA)[22] und dem Kirchenbund der Schweiz (SEK)[23] sowie Brückenschläge über diverse theologische Gräben hinweg.

Neben den konfessionellen kirchlichen Fragen will das Studienzentrum insbesondere eine inhaltliche Brücke zwischen *Glauben und Denken* schlagen. Es geht darum, den tiefen Graben zu überbrücken, der sich quer durch die landes- und freikirchliche Landschaft zieht.

Als Illustration sei hier der „Kampf um die Bibel" erwähnt, der in der Moderne mit besonderer Intensität geführt wurde. Im Kern ging es um die Frage, ob die Bibel primär ein menschliches oder ein göttliches Wort sei und in welchem Verhältnis die beiden Teile zueinander stehen würden. Für die einen ging es um intellektuelle Redlichkeit und wissenschaftliche Methoden, für die andern um den Kern des Glaubens und der Offenbarung Gottes. Doch beide schienen Mühe zu haben, die je berechtigten Anliegen der anderen Seite verstehen zu können. Dies führte neben erbitterten Auseinandersetzungen auch zu einem Rückzug von weiten Teilen des Pietismus aus der universitären Ausbildung.[24] In eine ähn-

---

[20] Locher steht vor allem das stärkere Zusammenwachsen der reformierten Landeskirchen der Schweiz vor Augen; vgl. http://www.kirchenbund.ch/de/ pressemitteilung/2012/locher-perspektivenwechsel-zur-evangelischen-kirche-schweiz-ist-n-tig.
[21] Vgl. http://www.freikirchen.ch.
[22] Vgl. http://www.each.ch.
[23] Vgl. http://www.kirchenbund.ch/de.
[24] Zur Illustration vgl. Dellsperger, Rudolf, Berns Evangelische Gesellschaft und die akademische Theologie. Betrachtungen zu einem Stück unbewältigter Vergangenheit, in: Dellsperger, Rudolf, Nägeli, Markus, Ramser, Hansu-

liche Richtung weisen z.T. heute noch Aussagen wie: „Wenn Du an der Universität Theologie studierst, dann verlierst Du Deinen Glauben."

Diese schwierigen Entwicklungen hat der Kirchenhistoriker Rudolf Dellsperger schon für die Frühzeit der Evangelischen Gesellschaft des Kantons Bern moniert:

> „Warum waren die Liberalen ausserstande, im ausgeprägten Frömmigkeits- und Gemeinschaftscharakter, in der biblisch-reformatorischen Grundhaltung der Evangelischen Gesellschaft ein wertvolles Kapital und ein für sie selber notwendiges Korrektiv zu sehen? Und warum waren umgekehrt ihre Gegner nicht in der Lage, im gewiss nicht irrtumsfreien, aber doch auch verantwortlichen Umgang mit der Bibel, wie ihn die historisch-kritischen Zeitgenossen übten, *grundsätzlich* auch einen aufrichtig gemeinten Dienst am Wort zu erkennen? Sie hätten sich das volle Recht auf die Kritik im einzelnen noch längst nicht verbaut."[25]

Für unsere Zeit weist unter anderem N.T. Wright auf die Fruchtlosigkeit solcher Grabenkämpfe hin und fordert einen Perspektivenwechsel: „Schaut mal, von hier drüben (in post-moderner Perspektive) könnt ihr die Stärken und die Schwächen eurer beider Positionen besser erkennen, ihr könnt sogar voneinander lernen und kommt dadurch beide wieder voran in Eurer theologischen Arbeit" - so könnte man Wright salopp paraphrasieren. Statt sich zu bekämpfen und zu schubladisieren, will er überbrücken und vermitteln, entsprechend des Untertitels eines seiner Bücher: *Die Schrift und die Autorität Gottes - über die Bibelkriege hinauskommen.*[26]

In diesem Sinne will das Studienzentrum Brücken bauen zwischen akademischer Theologie und den verschiedenen Ausdrucksformen christlicher Spiritualität und Gemeindepraxis. Denn: Beide Seiten werden durch den gemeinsamen Dialog bereichert. Die akademische Theologie braucht die Erdung in gelebter Spiritualität und einem gesunden Bezug zur Gemeinde vor Ort. Ebenso kann auch die konkrete Gemeindepraxis inklusive ihrer Spiritualität nur zum eigenen Schaden auf eine

---

eli, *Auf dein Wort*, Beiträge zur Geschichte und Theologie der Evangelischen Gesellschaft, hg. vom Hauptkomitee, Bern 1981, 153–221.

[25] A.a.O., 212.
[26] Im Original: Wright, N.T., The Last Word, Scripture and the Authority of God - getting beyond the Bible Wars, New York 2005.

wissenschaftliche Reflexion, den Dialog mit Anderen und das Wahrnehmen der gesellschaftlichen Veränderungen verzichten.

Um den Bogen noch etwas weiter zu spannen: Was geschieht eigentlich mit einer Säkularität, die sich den Hoffnungsressourcen des christlichen Glaubens verschliesst, den Glauben zur Privatsache erklärt und die akademische theologische Reflexion nicht mehr an den Universitäten und damit im Diskurs der Öffentlichkeit haben will? Jürgen Habermas warnt eindrücklich vor einem solchen Kurzschluss, wenn er von der postsäkularen Gesellschaft spricht: „Die Philosophie hat Gründe, sich gegenüber religiösen Überlieferungen lernbereit zu verhalten"[27].

Mit diesen wenigen Hinweisen dürfte angedeutet sein, in welchen Feldern das Studienzentrum tätig werden möchte: Es geht um eine (versöhnte) christliche Theologie im Angesicht eines sich zunehmend radikal verstehenden Säkularismus. Es geht um das Miteinander von Glaube und Denken, von Mystik und Politik, von Wort und Erfahrung. Auf welcher Grundlage ist ein solches Miteinander möglich? Das führt zur Reich Gottes-Theologie.

3.2 Das Studienzentrum fördert eine Reich Gottes-Theologie im Dialog mit der Gesellschaft

Die Wiederentdeckung des Reiches Gottes als zentrales Anliegen Jesu in der deutschsprachigen Theologie ist in meiner Dissertation bereits beschrieben worden.[28]

Das angebrochene Reich Gottes bildet auch für das Studienzentrum den Kristallisationspunkt einer Theologie, die ihre Relevanz für alle Lebens- und Gesellschaftsbereiche beständig neu überprüft und erarbeitet. Damit ist angedeutet, dass die christliche Theologie in der Selbstoffenbarung Gottes in Jesus Christus ihr Zentrum hat, aber in den Zeichen der Zeit, den Fragen und Nöten der heutigen Menschen und der Welt ihren Horizont. Denn wenn der christliche Glaube mit Wirklichkeit zu tun

---

[27] Habermas, Jürgen u. Ratzinger, Joseph, Dialektik der Säkularisierung. Über Vernunft und Religion, Freiburg i. Br. ⁸2011, 30. Zum Ganzen: Die religiöse Fundierung der Kultur: Die postsäkulare Gesellschaft (J. Habermas), In: Dürr, Gemeinschaft, 363ff.

[28] Konkretionen und Entfaltungen der Reich Gottes-Theologie in der jüngeren Theologiegeschichte, in: Dürr, Gemeinschaft, 265–324.

haben soll, dann muss er sich als eine „Gesamtorientierung des Lebens"[29] bewähren. So heisst es in den Statuten des Studienzentrums: *Unter wertschätzender Aufnahme der Erfahrungen und Erwartungen der Gesellschaft tritt die theologische Reflexion in den Dienst einer christlich verantworteten Lebensform im Horizont der heutigen Weltgemeinschaft.* Eine Theologie mit dem Reich Gottes als Grundlage schlägt also auch die Brücke zwischen Gott und der Welt. Mit der Betonung und Förderung der Reich Gottes–Theologie steht das Studienzentrum in einer inhaltlichen Kontinuität zur Jahu–Gemeinschaft und dem ehemaligen Institut für biblische Reformen.

3.3 Das Studienzentrum fördert kreative theologische Grundlagenarbeit und Forschung

Das Studienzentrum will als Teil einer Universität auch Forschungsbeiträge leisten, und zwar unter anderem durch das Greifbar-Machen von neuesten Erträgen der Forschung an den Studientagen in Freiburg;[30] darüber hinaus mit Vorlesungen, Publikationen wie der vorliegenden und verschiedenen anderen Projekten. Auch hier zeichnen sich einige Arbeitsfelder ab.

Als eine Initiative, die aus dem evangelischen Boden gewachsen ist, will das Studienzentrum *durch eine vertiefte Aneignung der Heiligen Schrift in Auseinandersetzung mit unterschiedlichen hermeneutischen Ansätzen* Beiträge zu den heutigen Fragestellungen von Kirche und Gesellschaft formulieren. Dazu gehören sowohl grundlegende hermeneutische Reflexionen und Methodenfragen (exemplarisch A. Schlatter[31] und

---

[29] Bittner, Wolfgang J., *Kirche – wo bist du?* Zürich 1993. Zitiert in: Dürr, Gemeinschaft, 369.

[30] So hat die Konferenz 2014 die neuste Paulusforschung von N.T. Wright einer breiteren deutschsprachigen Öffentlichkeit zugänglich gemacht (vgl. Wright, N.T., Paul and the Faithfulness of God, 2 Bde., London 2013). Diese Arbeiten sind während der Konferenz vom emeritierten Neutestamentler Ulrich Luz in eine Reihe mit den Werken von A. Schweizer und R. Bultmann gestellt worden.

[31] Schlatter, Adolf, Die Bibel verstehen – Aufsätze zur biblischen Hermeneutik, Basel 2002.

N.T. Wright³²), als auch die ganz konkreten Probleme der Kirche. So stellt z.B. Ulrich Luz in: *Zankapfel Bibel* fest:

> „Die Bibel ist nur noch in der Theorie die Grundlage der Kirche. In Wirklichkeit sieht es eher so aus, als ob es eine Bibel der Frauen, der Frommen, der Psychologen oder der Wissenschaftler gäbe. Aus dem Alltag von Durchschnittschristen und –christinnen ist dagegen die Bibel weithin verschwunden."³³

Das Studienzentrum will theologische Grundlagenarbeit *durch reflektierte Verwurzelung in Gemeinschaft und Gottesdienst als wesentliche Quellen theologischer Einsicht* fördern. Damit ist die alte theologische Wahrheit angedeutet, dass der Glaubensakt nicht wirklich vom Glaubensinhalt, also der theologischen Reflexion getrennt werden sollte. Denn ohne existenziellen Bezug, persönlich und in der Gemeinschaft, kann die Theologie leicht zu einer abstrakten Rede über Gott und das Christentum verkommen, statt immer auch ein Gespräch mit Gott zu führen. Auf diese Weise würde Theologie zunehmend zur Religionswissenschaft mutieren.³⁴

Aus diesen Gründen ist die Jahu–Gemeinschaft auch nicht ein rein zufälliger oder gar peinlich zu verschweigender Hintergrund des Studienzentrums. Vielmehr stellt sie eine Verwurzelung in Gemeinschaft und Gottesdienst dar, wie die Statuten es wünschen.

Des weitern will das Studienzentrum einen gewissen Forschungsbeitrag leisten, und zwar durch die *kritische Rezeption der christlichen Traditionen der Ökumene und die Förderung von Begegnung und Austausch*

---

[32] Vgl. die ausführlichen Erläuterungen von: Wright, N.T., Das Neue Testament und das Volk Gottes, Ursprünge des Christentums und die Frage nach Gott, Band 1, Marburg 2011, darin: Teil II: Das nötige Handwerkszeug, 57–194, wo Wright seine historische Methode des kritischen Realismus darlegt.

[33] Luz, Ulrich, Einleitung, in: Luz, Ulrich, (Hg.): *Zankapfel Bibel*: eine Bibel – viele Zugänge; ein theologisches Gespräch, Zürich ²1993, 9. Ganz neu und streitbar: Rothen, Paul Bernhard, Auf Sand gebaut. Warum die evangelischen Kirchen zerfallen, Wien & Zürich ²2015.

[34] Der Ansatz der Verwurzelung in der Gemeinschaft wird auch durch den Wandel in den Sozialwissenschaften unterstützt. Angesprochen ist die Entwicklung von qualitativen Methoden, weg von einem rein quantitativen Denken und dem implizierten reduktiven Wissenschaftsbegriff. Vgl. Methoden der qualitativen Sozialforschung, in: Dürr, Gemeinschaft, 14–21.

heutiger christlicher Zeugnisse im Dienste der Versöhnung. Dies geschieht zum einen durch die Einbindung in das Ökumenische Institut der Universität Freiburg, zum anderen durch die vom Studienzentrum verantworteten Studientage zur theologischen und gesellschaftlichen Erneuerung.[35]

Die breite Beteiligung von Christen aus Freikirchen, reformierten und katholischen Kirchen sowie von orthodoxen Studenten dürfte für die deutschsprachige akademische Landschaft in dieser Weise einmalig sein. Hier wird das ökumenische Gespräch *miteinander* (nicht nur übereinander) möglich gemacht!

Die Verbundenheit zu *Miteinander, wie sonst?*[36] findet unter anderem durch die gemeinsam verantworteten ökumenischen Gottesdienste an den Studientagen ihren Ausdruck.

Zwei weitere praktische Initiativen, die bereits umgesetzt worden sind:

Das Studienzentrum ist im Gespräch mit allianznahen Ausbildungsstätten, die sich stärker am wissenschaftlichen Diskurs der Universitäten beteiligen möchten. Deshalb sucht das Studienzentrum den Austausch und die Zusammenarbeit mit diesen Ausbildungsstätten zu fördern; im April 2014 hat bereits ein erster Begegnungstag von Dozenten und Professoren stattgefunden.

Im Januar 2015 hat das Studienzentrum eine erste Studienreise ans St. Mellitus College in London organisiert. Das College ist eine theologische Ausbildungsstätte der anglikanischen Kirche in Zusammenarbeit mit der Holy Trinity Brompton Church (HTB).[37] Dieses Modell von Erneuerung der englischen Staatskirche erscheint vielversprechend, besonders weil es kirchliche Erneuerung und gemeinschaftliches Leben in Anbetung und Mission mit einer soliden theologischen Arbeit und Ausbildung verbindet.[38]

---

[35] Vgl. http://www.glaubeundgesellschaft.ch/studientage/willkommen/.
[36] Das Miteinander christlicher Bewegungen und Gemeinschaften ist ein internationales Netzwerk, das sich über Europa hinaus erstreckt. In diesen Gemeinschaften sind evangelische, katholische, anglikanische, orthodoxe und freikirchliche Christen engagiert. Vgl. dazu: http://www.miteinander-wie-sonst.org.
[37] Vgl. https://www.htb.org.
[38] Vgl. http://www.stmellitus.org.

Das Studienzentrum will *durch kritisch-konstruktive Auseinandersetzung mit den methodologischen Voraussetzungen von Moderne und Postmoderne* die Theologie ins Gespräch mit der Philosophie und der Kultur bringen. Dadurch werden moderne theologische Verabsolutierungen (Liberalismus versus Fundamentalismus) ebenso kritisch reflektiert wie ihre postmodernen Relativierungen. Denn weder die Behauptung der eigenen Wahrheit gegen alle anderen noch die Behauptung des Relativismus von allen anderen hilft uns wirklich weiter:

„Im Übergang von der Moderne zur Postmoderne wird vieles sowohl in unserem Denken als auch in unserer Kultur in Frage gestellt. Die Postmoderne verdächtigt jeden Wahrheitsanspruch, ein blosses Machtspiel zu sein. Worauf können wir uns in dieser Zeit der Veränderung noch verlassen? Worauf sollen wir unsere Hoffnung setzten?

Unsere Hoffnung kann nicht auf dem Menschen oder seinem Vernunftgebrauch basieren, denn die Postmoderne demonstriert knallhart, dass die Moderne, die ihre Hoffnung auf die Güte des Menschen und die Grösse seiner Vernunft setzte, gescheitert ist. Gleichzeitig kann für Christen die postmoderne Abwendung von der Wahrheit in eine verzweifelte Hoffnungslosigkeit oder in die Gleichgültigkeit des Relativismus keine Alternative sein. Gerade in unserer Zeit benötigen wir ein Wort, das ‚von oben' zu uns kommt. Die Christen bezeichnen dies als Offenbarung, d.h. als Selbstmitteilung Gottes an uns Menschen. Diese Offenbarung ist in der Bibel festgehalten und darum ist es wichtig, dass wir als Christen den Wahrheitsanspruch der Bibel ernst nehmen. Wir dürfen sie nicht in postmoderner Beliebigkeit als archaisches Relikt vorvergangener Zeiten abstempeln. Andererseits dürfen wir die Bibel nicht bloss als Fundament benutzen, auf das wir – so arrogant wie die Moderne – ein starres Gebäude der selbstherrlichen Gewissheit errichten, dessen Fassaden unsere eigenen Bedürfnisse und Vorstellungen widerspiegeln."[39]

---

[39] Dürr, Gemeinschaft, 89 in Anlehnung an Newbegin, Lesslie, Salz der Erde?! Fragen an die Kirchen von heute, Neukirchen-Vluyn 1985 (engl. Original: The other side of 1984, Questions for the churches, Ökumenischer Rat der Kirchen, Nr. 18 der Risk book series, 29).

Aus theologischer Sicht geht es also um den Prozess einer vertieften Aneignung der Schrift, von wo aus ein kritisches Reflektieren der Moderne und der sogenannten Spätmoderne überhaupt erst möglich ist.[40]

Schliesslich bemüht sich das Studienzentrum um eine *Wahrnehmung der Zeichen der Zeit,* also um ein Angehen der drängenden kirchlichen und gesellschaftlichen Fragen. Denn nur so können *Beiträge zur kirchlichen und gesellschaftlichen Erneuerung* geleistet werden. Dazu gehören heute die Globalisierung und Migrationsfragen, der Terrorismus und Friedensfragen sowie der Dialog mit anderen Religionen in einer pluralistischen Kultur in Europa, insbesondere mit dem Islam. Gerade die Angst vor Extremisten und vor Anschlägen islamischer Terroristen bewegt die Gemüter auch in der Schweiz. So war kürzlich in der populären Tagespresse zu lesen:

> „Viele Nicht-Muslime wollen wissen, inwieweit Muslime hier wirklich hinter Werten wie Freiheit, Demokratie, Menschenrechte stehen. Viele Muslime wiederum haben es satt, dem Terror-Generalverdacht ausgesetzt zu sein, weil sie in Europa ihren Glauben leben. Der Grat zwischen dem Grundrecht auf Religionsfreiheit und dem Schutz vor Extremismus ist schmal. Gerade die Zivilgesellschaft und alle muslimischen Organisationen darin sind gefordert."[41]

4 Pluralismus und Dialog

Für Lesslie Newbigin ist die Meinung, Glaube sei Privatsache, falsch; er reklamiert das Evangelium als öffentliche Wahrheit. Er will, dass die Kirchen wieder den Mut finden, die Kultur selbst – in unserem Fall die entfaltete Moderne – zwar als einen Deuterahmen zu würdigen und ernst zu nehmen und doch zugleich diesen in einen Dialog mit verschiedenen alternativen Plausibilitätsstrukturen zu bringen. Eine Perspektive in diesem Dialog stellt dann der biblische Deuterahmen dar.[42] Das war intendiert mit dem Postulat einer post-kritischen Philosophie, die sich aus einem solchen gesamt-gesellschaftlichen Dialog entwickeln sollte.

---

[40] Zum Ganzen: Dürr, Gemeinschaft, 158–171. Dann: Dürr, Christen im Umbruch, Glaube und die Erneuerung des Denkens, 34 – 58.
[41] Vgl. http://www.20min.ch/reportage-IS/index.html, 1.
[42] Vgl. Newbigin, Lesslie, Truth to tell. The Gospel as Public Truth, Michigan ²1993, 43.

Damit die Kirche an einem solchen Dialog teilnehmen kann, muss sie sich durch Reich Gottes-Kriterien erneuern lassen. Das beinhaltet eine Änderung ihres Selbstverständnisses, von einer staatsanalogen Institution (exklusives religiöses Monopol) hin zu einem Verständnis als eine der intermediären Institutionen innerhalb einer weltanschaulich und religiös pluralistischen Welt. Genau das war auch das Anliegen von Wolfgang Huber, der einen Dialog auf Augenhöhe innerhalb der Zivilgesellschaft gefordert hat, in den sich eine Kirche, welche die Selbstsäkularisierung überwindet und das Glaubensthema wieder in die Mitte stellt, nun mutig und demütig einbringen darf als Zeuge der von ihr geglaubten Wahrheit.

Dieser gesellschaftliche Dialog findet heute in einem entfalteten Pluralismus statt und verlangt von uns eine anspruchsvolle selbstreflexive Art des Denkens und Glaubens. Ein kurzer Rückblick soll einige Herausforderungen der Kirchen im Umgang mit dem Pluralismus skizzieren.

4.1 Innerchristlicher Pluralismus?!

Der mittelalterliche Traum der Einheit von Kirche und Reich ist schon vor der Reformation belastet gewesen. In der Reformation zerfällt jedoch die Einheit der Kirche endgültig, dem Christentum ist der *Pluralismus der Konfessionen* zugemutet worden. Der Dreissigjährige Krieg weist auf das Ausmass der Krise hin, die diese Pluralität für die Kirche und das Reich darstellt. Der Westfälische Friede darf in dieser Perspektive als halbherziger Versuch der Stabilisierung gedeutet werden, zumal die Pluralität der Konfessionen in einer Pluralität der Territorialstaaten mit vorherrschenden Landeskirchen aufgefangen wird. Vorurteile und Misstrauen herrschen vor, an den Pluralismus gewöhnt man sich nur sehr langsam und dann vor allem auf der staatlichen Ebene. Der Nationalismus hat allerdings immer wieder zu kriegerischen Auseinandersetzungen in Europa geführt.

Ein echter Fortschritt im Blick auf den religiösen Pluralismus bringt eigentlich erst die amerikanische Verfassung mit den ersten beiden Zusätzen. Die Verfassung geht auf die Vielfalt von Migranten mit ihren unterschiedlichen christlichen Denominationen ein und fördert den religiösen Pluralismus, indem sie eine prinzipielle Trennung von Kirche und Staat einführt. Sie macht das durch die Beschränkung des amerikanischen Staates und das Errichten einer Öffentlichkeit, in der sich alle gesellschaftlichen und religiösen Akteure prinzipiell gleichberechtigt einbringen können, wenn sie sich an die Regeln der Religionsfreiheit und der Zivilgesellschaft halten.[43] Getrennt wurden also Kirche und Staat, nicht jedoch Glaube und Gesellschaft (Öffentlichkeit). Die kontinentaleuropäischen Grosskirchen hatten lange Mühe mit der amerikanischen Religionsfreiheit, zu sehr war man mit dem Experiment des Kolonialismus der Moderne verquickt, das meinte, den Rest der Welt mit seinem „universalen" Säkularismus beglücken zu müssen.

Die Gründung des Ökumenischen Rates der Kirchen (ÖRK) in Genf 1948 darf für die protestantische Welt als Signalposten gelten, bei dem der religiöse Pluralismus definitiv zum prägenden Paradigma geworden ist. Zu einer kulturellen Neuausrichtung für die katholische Welt, so José Casanova, führt erst ab 1965 das

> „*Aggiornamento* an die säkulare Moderne, das ins Zweite Vatikanische Konzil mündete und in den zwei wichtigsten Dokumenten des Konzils seinen Ausdruck findet: Die Erklärung zur Religionsfreiheit (*Dignitatis Humanae*) und die Pastoralkonstitution über die Kirche in der Welt von heute (*Gaudium et Spes*)."[44]

Diese rudimentären Pinselstriche weisen auf die Spannung hin, welche die westlichen Kirchen im Umgang mit dem Pluralismus empfunden haben und zum Teil heute noch empfinden. Wenn schon die innerchristliche Pluralität solche Schwierigkeiten hervorbringen kann, dann darf es nicht überraschen, wenn viele Menschen verunsichert und überfordert sind durch die Migration und Globalisierung in der heutigen Zeit. Wenn ‚offizielle' Ökumene der Christen untereinander so schwierig gewesen ist und die Ökumene der Herzen noch lange keine Selbstverständlichkeit darstellt, dann sollten wir nicht überrascht sein, dass auch

---

[43] Diese Skizze ist natürlich idealisiert, in Wirklichkeit gehen solche Entwicklungen durch vielfältige und zum Teil tiefgreifende Konflikte hindurch. Siehe dazu: Protestantischer anti-katholischer Nativismus in den Vereinigten Staaten, in: Casanova, José, Europas Angst vor der Religion, Berlin 2009, 36–47.

[44] A.a.O., 45: „[D]ie offizielle Anerkennung des unabdingbaren Rechts eines jeden Individuums auf Religionsfreiheit, basierend auf der heiligen Würde des Menschen, bedeutete, dass die Kirche ihren traditionellen Zwangscharakter ablegte und das moderne Prinzip von Trennung von Kirche und Staat akzeptierte."

der Dialog unter den Kulturen, Weltanschauungen und Religionen Probleme aufwirft und auf erheblichen Widerstand stösst. Trotzdem: Wir leben in einem kulturellen und religiösen Pluralismus. Wie ist unter diesen Umständen ein Dialog – auch ein interreligiöser Dialog – überhaupt möglich? Wir nähern uns der Frage am Beispiel des Islam in Europa.

4.2 Interreligiöser Dialog und weltanschaulicher Pluralismus

Beim Dialog zwischen Muslimen und Christen geht es, so Miroslav Volf, um

> „two religious communities (that, W.D.) give ultimate allegiance to two rival versions of the Master of the Universe. God matters to them in private as well as in public life, and this sometimes creates tensions. One of the defining challenges of our time is to find workable ways for Christians and Muslims to be true to their convictions about God and God's commands, while living peacefully and constructively together under the same political roof."[45]

Relativ hilf- und sprachlos ist an dieser Stelle eine Säkularisation, welche die Religion als Privatsache bezeichnet und sie deshalb aus dem öffentlichen Diskurs verbannen will. Auch der liberale Diskurs nach dem Motto: „Nehmt doch eure Religion nicht *so* ernst! Lasst uns um Himmels willen den kleinsten gemeinsamen Nenner suchen, damit wir endlich im Frieden miteinander leben können", wird der Sache nicht gerecht. Den eigenen Glauben (verstanden als Gesamtorientierung des Lebens) *nicht ganz so ernst nehmen, heisst für Gläubige letztlich, ihn zu verleugnen*; es bedeutet auch nichts anders, als den Anderen und sich selbst nicht wirklich ernst zu nehmen.

Für Miroslav Volf stellen solche Positionen eine Sackgasse dar. Er fordert deshalb unter anderem einen Dialog von Christen und Muslime auf Augenhöhe und auf der Höhe des je eigenen Glaubens-Verständnisses. Nur wenn wir uns mit allen unseren Glaubens-Aussagen gegenseitig ernst nehmen, wenn beide Seiten keine faulen Kompromisse bei ihrer Theologie machen müssen, besteht eine gewisse Chance auf Erfolg. Der Dialog wird dadurch sicher nicht einfacher, doch nur so kann er überhaupt nachhaltig und fruchtbringend geführt werden – so Volf. Er geht sogar noch weiter und schreibt: *„eine Verpflichtung auf eine rich-*

---

[45] Volf, Miroslav, Allah – A Christian Response, New York 2011, 13f.

tig verstandene Liebe zu Gott und zum Nachbarn macht tief religiöse Personen, weil sie tief religiös sind, zu überzeugten sozialen Pluralisten."⁴⁶

Dahinter steckt die drängende Frage, ob wir und wenn ja wie wir mit unseren je exklusiven religiösen Ansprüchen in einer Zivilgesellschaft mit ihrem weltanschaulichen Pluralismus einen zivilisierten Dialog führen können. Von der Beantwortung dieser Frage wird viel abhängen: Denn auch wenn wir andere Gottesbilder und theologische Systeme haben, leben wir doch soziologisch im selben Land, und dies wird sich auch nicht mehr ändern. Wir müssen einen Weg zum Dialog finden. Denn wir haben es mit der Realität der Konkurrenz von sich widersprechenden Wahrheitsansprüchen (normative claims) der Religionen und von Weltanschauungen zu tun.

Was ist in einer solchen Situation zu tun? Es bieten sich verschiedene Wege an:

Wir könnten alle andern Ansprüche als falsch und nur unsere Position als absolut wahr bezeichnen. Diese Position kann als Rückfall in den früh-modernen Absolutismus bezeichnet werden. Nur wenige werden diesen Weg heute gehen wollen.

Die Alternative des *universalisierten Säkularismus* ist viel gegenwärtiger: Die Religionen mit ihrem Wahrheitsansprüchen sind aus dieser Sicht das eigentliche Problem. Daher sind die Religionen alle zu relativieren, und zwar durch die Privatisierung des Glaubens und die Säkularisierung des öffentlichen Diskurses (gemeint ist damit die Verdrängung der Religionen aus der Öffentlichkeit). Auf die Problematik dieses eurozentrischen Verständnisses der Säkularisation hat José Casanova aufmerksam gemacht,⁴⁷ praktisch ist es nach 9/11 und Charlie Hebdo nicht mehr

---

⁴⁶ „Put differently, and maybe surprisingly for some, *commitment to the properly understood love of God and neighbor makes deeply religious persons, because they are deeply religious, into dedicated social pluralist* (see chapter 12)." Volf, Allah, 32 (Übersetzung W.D.).

⁴⁷ Er will (1) die Theorie der institutionellen Differenzierung der säkularen Sphären von (2) der Theorie vom fortschreitenden Niedergang der Religion und (3) der Theorie der Privatisierung der Religion voneinander lösen. Die Verknüpfung der drei Theorien in Europa ist historisch und empirisch im globalen Kontext nicht zu halten. In: Westliche christliche Säkularisierung und Globalisierung, in: Casanova, Europas, 83–97.

haltbar. Casanova hält lapidar fest: Wer die Religion so grundsätzlich problematisiert, schliesst dadurch die Möglichkeit aus,

> „mit religiösen Themen auf pragmatische und sensible Art und Weise umzugehen. Um den gleichen Zugang zur öffentlichen Sphäre und eine unverzerrte Kommunikation zwischen allen Bürgerinnen und Bürgern – Christen, Muslime und Juden, Atheisten, Agnostiker und Gläubige – zu garantieren, müsste die europäische Union nicht nur post-christlich, sondern auch postsäkular werden."[48]

Der dritte Weg ist darum ein echter Pluralismus, bei dem die Wahrheitsfrage nicht einfach relativiert wird (alles ist gleich gültig und damit auch gleichgültig). Vielmehr geht es auch hier um eine epistemische Bescheidenheit in der entfalteten Moderne, um ein Lernen aus den vergangenen Totalitätsansprüchen der Moderne. Damit sind wir beim *Dialog in der Zivilgesellschaft* als einem freien Markt der Ideen. Er steht in einer Analogie zum politischen Diskurs für den Bereich des Staates oder den freien Austausch von Gütern und Dienstleistungen im Bereich der Wirtschaft. Dieser Dialog sollte idealerweise allen Protagonisten der Gesellschaft gleichen Zugang zur Kommunikation gewähren, sie alle ins Gespräch miteinander bringen. Dabei geht es ebenso um das gegenseitige Kennenlernen und den Abbau von Vorurteilen, wie auch um das Ernstnehmen von Selbstansprüchen anderer, und zwar auch dann, wenn wir eine alternative Perspektive haben.

Der sensible und pragmatische Umgang mit den Wahrheitsansprüchen anderer heisst unter anderem, einander die Voraussetzungen der eigenen Wahrheitsbildung zuzugestehen. Dies geschieht unter ausdrücklicher *Anerkennung der doppelten Religionsfreiheit* (a) als die *Freiheit für die Religion,* das heisst, sie als wahr zu betrachten, frei auszuüben und auch diskursiv in der Öffentlichkeit zu vertreten, solange sie nicht mit (b) konkurriert. Und (b) die *Freiheit von der Religion,* das heisst, nicht von ihr bedrängt oder unter Druck gesetzt zu werden. Wobei an dieser Stelle festgehalten werden muss, dass die freie Ausübung der Religion allein (a) noch kein Bedrängen oder unter Druck setzen im Sinne von (b) darstellen kann, sonst würde (b) zur übergeordneten Norm. Mit andern Wor-

---

[48] A.a.O., 29f.

ten, ein solcher Dialog geschieht in einem rechtsstaatlichen Rahmen, unter Verzicht von jeglicher Machtausübung oder Gewaltanwendung.[49]

Der *Dialog in der Zivilgesellschaft*, wie er oben beschrieben worden ist, stellt in Wirklichkeit eine idealisierte Situation dar. Reale Auseinandersetzungen werden mit Ignoranz und Arroganz geführt und sind oft zähflüssig und manchmal wenig ertragreich. Die Universität aber könnte ein Mikrokosmos für einen Dialog der Ideen sein.

5 Dialog an der Universität als freier Austausch der Ideen

Ein hervorragender Ort, an dem der Dialog exemplarisch für die ganze Gesellschaft geführt werden kann, stellen prinzipiell die Universitäten mit ihren Möglichkeiten und Institutionen dar. Hier geht es um Austausch und Infragestellung von Überzeugungen, die man nicht einfach behaupten kann, sondern stets rational begründen sollte. Hier soll die Qualität der Argumente überzeugen, nicht der Status der Opponenten. Gewinnen soll die Vernunft, nicht die Macht des Geldes oder der politischen Akteure.

Vor kurzem hat Miroslav Volf darauf hingewiesen, dass allerdings auch diese Beschreibung idealisiert ist. In einem Essay mit dem Titel: *Life Worth Living: Christian Faith and the Crisis of the Universites*[50] geht er einigen Problemen nach, denen sich die Geisteswissenschaften seiner Meinung nach stellen müssen. Er fragt provokant: Warum lernen denn die Studenten der Geisteswissenschaften heute nicht mehr, sich mit normativen Ansprüchen der Philosophie und der Religion auseinander zu setzen? Ohne an dieser Stelle detailliert auf seine Argumentation eingehen zu können, sei Volf's Resümee notiert:

„What is lost, when the exploration of life worth living gets squeezed out of university? For one, the universities' character changes. […they become] Experts on means, they remain amateurs in ends. […] When universities give up reflecting on teaching the meaning of life, they fail their students because

---

[49] Vgl. Coerciveness, in: Volf, Miroslav, A Public Faith, How followers of Christ should serve the common good, Grand Rapids 2011, 37–54.
[50] Vgl. http://www.abc.net.au/religion/articles/2014/04/30/3994889.htm (Seitenzahlen direkt im Text).

they withhold from the noblest of all enquiries. [...] the public looses as well."(4)

"Among other things, the loss of this deliberative capacity has turned what ought to be public debates about alternative visions of the good life into shouting matches about unreflective personal preferences! If universities fail to take up the great conversations about these issues [...] they will fail to provide a public service [...] namely of teaching the art of reasoned conversation about what concerns us the most." (5)

Volf will deshalb theologische Fakultäten an den Universitäten, die sich einer fortdauernden kritischen Reflexion verpflichtet wissen, primär auch über das gelingende menschliche Leben (human flourishing). Dadurch würden Studenten nicht bloss lernen, die Welt zu verstehen und wie sie ihre Ziele in dieser Welt erreichen könnten. Vielmehr und vielleicht noch wichtiger lernen sie auch, wie man weise Urteile darüber fällen kann, welcher Art diese Ziele überhaupt sein sollten; mehr noch: Wie man diese auf intellektuell und moralisch verantwortliche Art und Weise erreichen kann (vgl. 7). Damit nun der christliche Glaube einen Beitrag zur Universität leisten kann, muss nach Volf folgende Bedingung erfüllt werden:

„First, universities have to come to see themselves as *pluralistic*, rather then *secular* institutions – secular here in the sense of being committed to secular humanism. They ought to be committed to the rigorous use of reason, not to a particular world-view. Correspondingly, Christians at the universities must see the Christian faith as one of many legitimate perspectives at the university, all of which are important not just for the universities mission but to the integrity of reflection about the Christian faith itself. [...] Mindful that at the heart of the Christian faith is an account of self, social relations, and the good, they [academic theologians, W.D.] should channel most of their energies into giving an account of a meaningful life and explicating how such a life looks in the context of multiple an ever new challenges of living in the contemporary world." (8)

Zurück zu Casanova: Er will, dass wir die europäische Säkularisation als das erkennen, was sie wirklich gewesen ist, „nämlich ein partikularer, christlicher und postchristlicher historischer Prozess, und nicht, wie die

Europäer gern meinen, ein allgemeiner und universaler Prozess der menschlichen und gesellschaftlichen Entwicklung."[51]

Damit sind wir wieder beim Beginn dieses Abschnittes: Wir sollten die säkulare Moderne als eine im christlichen Kontext gewachsene Realität ernst nehmen und würdigen, aber nicht verabsolutieren. Der Anspruch der säkularen Ordnung, eine neutrale Plattform für das friedliche Zusammenleben und den Austausch verschiedener Weltanschauungen zu sein, ist ein prekäres Unternehmen, das selbst der Deutung bedarf, wie das bekannte Böckenförde-Diktum besagt: „Der freiheitliche, säkularisierte Staat lebt von Voraussetzungen, die er selbst nicht garantieren kann". In diese Schaffung und Deutung von Voraussetzungen können und müssen wir den biblisch-christlichen Deutehorizont einbringen und uns dabei dem Dialog mit anderen „normative claims" (Miroslav Volf) stellen. So tragen Christen dazu bei, dass sich die Säkularität, die unverkennbar Wurzeln in der Entwicklung der christlichen Gemeinschaft selbst hat,[52] nicht in einen Säkularismus verwandelt, der entgegen dem eigenen Anspruch Züge einer exklusiven Religion annimmt.

José Casanova formuliert die Herausforderungen einer wachsenden und echten Pluralität treffend:

> „Jede ‚Weltreligion' beansprucht ihr universales Recht, einzigartig und verschieden zu sein, also ihren Partikularismus, zur gleichen Zeit aber präsentiert sie sich global als ein universaler Pfad für die gesamte Menschheit."[53]

Dem mühsamen Weg der christlichen Konfessionen zu einer Ökumene auf Augenhöhe entspricht analog der *Dialog der Religionen*. Wenn man schon innerchristlich solche Probleme zu überwinden gehabt hat, wird es auch für den interreligiösen Dialog keinen schnellen oder einfachen Weg geben.

Damit sind einige Felder genannt, in denen das Studienzentrum tätig ist und weiterhin tätig sein wird. Die ständige Erneuerung des Glaubens und der kirchlichen Gemeinschaft und ihrer Sendung durch das Wirken des Geistes Gottes und im Licht der Reich Gottes-Verkündigung bildet

---

[51] Casanova, Europas, 103.
[52] Der Glaube, dass Gott der Schöpfung einen Eigenstand geschenkt hat, ermöglicht unter anderem auch die Religionsfreiheit, vollzieht sich also im Glauben oder im Unglauben.
[53] Casanova, Europas, 118.

der Horizont für seinen Einsatz an der Universität. Angestrebt wird in diesem Rahmen auch der Dialog mit den gesellschaftlichen Akteuren in den vielfältigen Herausforderungen unserer Zeit. Dabei hoffen wir, zusammen mit vielen andern, uns als Brückenbauer zu bewähren und auch Beiträge zur Versöhnung zu leisten. Damit menschliches Leben gut gelingen und Friede wachsen kann.

Replik: Joel Gerber

Wenn ich Walter Dürrs Text lese, bleiben in mir das Bild der Gräben und Brücken und zwei Grundüberzeugungen haften: Glaube und Weltanschauung sind keine Privatsachen bzw. sie gehören in den gesellschaftlichen Dialog und der Austausch zwischen akademischer Theologie und gelebter Spiritualität ist essentiell. Diese Grundüberzeugungen haben die Jahu-Gemeinschaft und somit auch mich selbst in den letzten zehn Jahren entscheidend geprägt und ich versuche, anhand der Brückenanalogie etwas näher darauf einzugehen.

Damit ein Brückenbau überhaupt stattfinden kann, braucht man ein genaues Bild vom Terrain, muss Messungen vornehmen, Risiken und die geologischen Voraussetzungen der beiden Uferseiten kennen. Im Dialog zu theologischen und gesellschaftlichen Fragen heisst dies erst einmal, dass man bereit sein muss, Gräben zu erkennen und als diese zu benennen, damit anschliessend überhaupt eine Brücke geschlagen werden kann. Allzu oft haben Menschen die Tendenz, den einfacheren Weg zu wählen, bei Gräben umzukehren, jegliche Gedanken eines möglicherweise fruchtbaren Landes auf der anderen Seite zu vermeiden und somit die oft anstrengende und zeitaufwändige Arbeit gar nicht erst in Angriff zu nehmen.

Genau hier verstehe ich die Landeskirchliche Gemeinschaft Jahu als ein Ort, an dem „Brückenbau" nicht nur eine Option, sondern ein Imperativ ist – etwas, was sich auf verschiedene Ebenen auswirkt. So muss sich jeder, der am gemeinsamen, öffentlich Dialog teilnehmen will, seinen eigenen Gräben, Fragen, Herausforderungen und Vorurteilen stellen, seine geologische Struktur (d.h. seine eigene Geschichte) kennen und bereit sein, sich immer wieder neu herausfordern zu lassen, damit er in einem zweiten Schritt mit anderen in einen Dialog eintreten kann. Zur Zeit liegt durch den Aufbau des Studienzentrums und einer grösseren Gruppe von Theologiestudenten ein Schwerpunkt in der Verbindung von akademischer Welt und Gemeindepraxis vor. Mit einem praktisch-theologischen Seminar, regelmässigen Grundlageschulungen, Seminaren, Vorträgen und Symposien hat sich dieser Dialog fruchtbar in der Jahu-Gemeinschaft niedergeschlagen. Nicht zuletzt hat dieser intensive theologische Austausch mich selbst und andere dazu bewogen, ein Theologiestudium in Angriff zu nehmen und viele Jahu-Gemeinschaftsglieder begeistert, für ihre spezifischen Arbeitsfelder Arbeitsgruppen zu bilden, um gemeinsam über Fragen der Theologie und bpsw. der Pädagogik oder Wirtschaft zu reflektieren.

Ein Blick in die vergangenen Jahrzehnte zeigt: Der Wunsch nach einem Miteinander auf verschiedenen Ebenen und in verschiedenen Gesellschaftsbereichen begleitet die Jahu-Gemeinschaft seit langem, so dass wichtige Brücken geschlagen und erweitert worden sind. Als Sohn von Eltern mit täuferischem resp. römisch-katholischem Hintergrund, Mitglied der reformierten Landeskirche bzw. der Jahu-Gemeinschaft und als Student sowohl an einer katholischen als auch reformierten Fakultät bin ich ein Beispiel dafür, dass schon das innergemeinschaftliche Miteinander von Heterogenität geprägt ist und ein gemeinsames Unterwegssein von viel Dialog, Austausch – „Brückenbau"-Arbeit – und natürlich einer ordentlichen Portion Vergebungsbereitschaft und Gnade lebt.

Dieser Wille zum Dialog zeigt sich auch in der lokalen Zusammenarbeit mit den Bieler Kirchen und Freikirchen, im ökumenische Austausch mit Bewegungen, Gemeinden und einzelnen Mitgliedern aus verschiedenen Konfessionen – evangelisch, lutherisch, römisch-katholisch, koptisch, freikirchlich, anglikanisch – mit denen die Jahu-Gemeinschaft teilweise tiefe, langjährige Freundschaften verbindet. Ohne diese Verbindungen hätte ich wohl kaum jemanden aus mir bis dato fremden Konfessionen und Strömungen kennengelernt. Aber: Die Begegnung mit realen Menschen ist oft ein Schlüssel dafür, sich einem neuen Terrain zu öffnen.

Der Austausch von akademischer Theologie und Gemeindepraxis ist insbesondere im Blick auf Theologiestudierende und Theologen bzw. Theologinnen als Verantwortung und Chance zu charakterisieren. Denn auch die beiden Pole der Forschung und des Kirchenalltags können konkret nur durch reale Personen, die Übersetzungsarbeit leisten und Spannungen aushalten, überwunden werden. Persönlich habe ich über die letzten Jahre als Student viele Ent-Täuschungen erlebt, und zwar in einem positiven Sinn: Wo ich vereinfachte Konzepte loslassen und mich neuen Erkenntnissen und einem vertieften Verständnis öffnen kann, überwinde ich eigene Gräben, kann meine Verantwortung wahrnehmen und wichtige Übersetzungsarbeit leisten. Es geht darum, neue Perspektiven willkommen zu heissen, um auf diesem Weg einem sturen Gegeneinander oder einem duldenden Nebeneinander entgegen zu treten – und ein bereicherndes Miteinander von Akademie und Spiritualität, im Gemeinderahmen oder persönlich zu kultivieren.

Natürlich braucht es auch hier Weisheit und Durchhaltevermögen, denn nicht alles ist harmonisch und kompatibel, sondern vieles braucht Zeit, Übung, Durchhaltewillen und viel Bereitschaft, sich dem Nächsten und dem Anderen immer wieder zu öffnen. Auch die Vermittlung von christlicher Weltanschauung im gesamtgesellschaftlichen Dialog ist „Brückenbau"-Arbeit. Denn mit Wolfgang Huber bin ich der Überzeugung, dass Kirche und somit christliche Theologie einen „unverzichtbaren Beitrag zur geistigen Orientierung innerhalb einer pluralistischen Gesellschaft"[54] leistet und dass es in einer pluralen Gesellschaft nicht um Scheinharmonie durch das Verbannen von weltanschaulich geprägten normativen Ansprüchen geht, sondern um einen öffentlichen Dialog und das Einbringen der eigenen normativen Ansprüche, und zwar mit der Bereitschaft, zuzuhören und sich herausfordern zu lassen. Für diese Prägung bin ich der Jahu-Gemeinschaft dankbar – sie findet nun auch im *Studienzentrum für Glaube und Gesellschaft* einen weiten Raum, um den Dienst des Brücken-Bauens weiter zu vertiefen und zu fördern.

So sehe ich auch das Studienzentrum als enorm wichtige Institution, welche die Bereitschaft zum Dialog sowohl auf institutioneller als auch individueller Ebene fordert und fördert und Menschen aus den verschiedenen Sphären an den Tisch ruft, ihnen neue Perspektiven eröffnet und somit nicht nur selbst als Brücke fungiert, sondern auch Studenten, Gemeindemitglieder, Kirchen- und Akademieverantwortliche zurüstet, selbst in ihrem Alltag, sowohl in ihrer Funktion als auch auf persönlicher Ebene, zu Brückenbauern zu werden.

---

[54] Huber, Kirche, 11.

II Geschichte, Gegenwart und Zukunft der christlichen Gemeinde

Von Ralph Kunz

1 Keine Feststimmung!

Am 1. August werden in der Schweiz jeweils landauf landab Reden gehalten. Je nach patriotischer Gesinnung und Geschmack der Vortragenden ist die Eidgenossenschaft etwas mehr als 700 oder 250 Jahre alt. Das Thema ist die Schweiz, ihre Geschichte und ihre Gegenwart. In solchen Reden wird die Vergangenheit meistens glorios, die Gegenwart ambivalent und die Zukunft herausfordernd beschrieben. Oft enden 1.-August-Reden auch mit dem Pathos: zurück zu den Wurzeln. Bewahren wir den Geist und alles kommt gut!

Wie hört es sich an, wenn eine Rede zur aktuellen Lage der christlichen Gemeinde und der Gemeinschaften in der Schweiz gehalten werden soll? Man könnte sie nach demselben Muster stricken wie 1.-August-Reden. Früher war es besser, bewahren wir den Geist und es kommt gut. Es wäre – mit Blick auf die Vergangenheit – auch nicht schwierig, „patriotisch" zu werden. Die Reformation wäre dann (für die Evangelischen!) so etwas wie der Rütlischwur.

Wenn wir uns umsehen und umhören, wie heute über die Gegenwart und Zukunft der Reformierten geredet wird, kommt aber keine Feststimmung auf. Mit Wurst und Feuer ist nichts und kein Feuerwerk steigt. „Protestanten im Sinkflug" titelte einer vor ein paar Jahren. Das sind nicht gerade raketenhafte Aufstiegsaussichten. Und das bekannte Mantra „ärmer, älter, kleiner", das angeblich die Studie von der Zukunft der Reformierten zusammenfasst, ist auch keine Stimmungskanone.[55] Man achte auf den Komparativ! Die Aussicht, dass wir „kleiner" werden, misst am Mass einer grossen Vergangenheit. Das gehört zum Muster der Wurzelstruktur. Dass man fragt, woher man kommt – und irgendwie das Gefühl bekommt, es ging uns doch einmal besser. Das gilt für den Staat

---

[55] Jörg Stolz, Die Zukunft der Reformierten. Gesellschaftliche Megatrends – kirchliche Reaktionen, Zürich 2010.

wie für die Kirche. Was dabei auffällt, sind die Wertungen. War es früher besser?

Es ist wichtig, dass wir den Übergang von Geschichte, Gegenwart und Zukunft sorgfältig bedenken. Auch die Kirche und nicht nur die Schweiz verdient eine geschichtshermeneutische Reflexion ihres Wesen und Werdens. Dazu gehört die Rechenschaft darüber, wo wir in der Geschichte ansetzen – auch und gerade wenn die Gegenwart und Zukunft Thema sind. Simpel gefragt: Wie alt ist unsere Kirche? Sicher älter als 40 Jahre. Sollen wir sagen 500 Jahre? Dann landen wir in der Reformation. Oder 2000 Jahre? Dann lässt Jesus grüssen.

Ich schlage einen anderen Startpunkt vor. Ich springe zuerst rückwärts ins 19. Jahrhundert. Hier finden wir die drei Schlüssel, um die Probleme der Gegenwart besser zu verstehen: die *religiöse*, die *liberale* und die *soziale* Herausforderung der werdenden Volkskirche. Dann machen wir einen Sprung ins 20. Jahrhundert und finden drei weitere Schlüssel: die *radikale* Wende der Theologie nach dem Ersten Weltkrieg, die *kulturelle* Wende in den 1960er Jahren als Antwort auf die Krise der zweiten Moderne und die *pragmatische* Wende in den 1990er Jahren als Antwort auf den Mitgliederschwund.

Das hört sich etwas verschlüsselt an. Aber letztlich geht es wie bei einer 1.–August-Rede dann doch um die Wurst bzw. um eine verständliche Verwurstung dieser Zutaten in Form handlicher Thesen. Sie sollen auf den Punkt bringen, was die Gedanken leitet. Wovon reden wir eigentlich, wenn wir von der Zukunft der Reformierten reden? Welche Kirche liegt uns am Herzen? Auf welche Fragen wollen wir antworten? Wovor fürchten wir uns und worauf vertrauen wir? Die Hauptthese kann ich schon verraten: Die Gemeinden und Gemeinschaften der Volkskirche haben nur dann eine Zukunft, wenn sie auf die Fragen des 19. Jahrhunderts glaubwürdige Antworten finden, indem sie die Kehrtwenden im 20. Jahrhundert kritisch bedenken.

2 Die drei grossen Fragen des 19. Jahrhunderts

2.1 Die religiöse Frage

Drei Herausforderungen habe ich genannt. Mit der *religiösen* will ich beginnen. Mit dieser Bezeichnung beginnt schon die Verlegenheit. Wer sind die Religiösen? „Pietisten" nannten sie sich im 17. und 18. Jahrhundert. Als Frömmler und Andächtler wurden sie damals verspottet. Vor allem von den Aufgeklärten. In dieser Auseinandersetzung ging es um die Art und Weise, wie man den Glauben auslebt. Ein kurzes Zitat von Kant verweist auf den Konflikt. In seinem Werk *Die Religion innerhalb der Grenzen der blossen Vernunft* misst er Religion nach dem Wert des moralischen Zwecks. Das sei „Erbauung" – aber nun gerade nicht so, dass darunter eine „Rührung" zu verstehen sei,

> „obzwar die meisten vermeintlich Andächtigen (die darum auch Andächtler heissen) sie gänzlich darin setzen; mithin muss das Wort Erbauung die Folge aus der Andacht auf die wirkliche Besserung des Menschen bedeuten."[56]

In der *Kritik der Urteilskraft* hält er fest:

> „Diejenigen, welche zu den häuslichen Andachtsübungen auch das Singen geistlicher Lieder empfohlen haben, bedachten nicht, dass sie dem Publicum durch eine solche lärmende (eben dadurch gemeiniglich pharisäische) Andacht eine grosse Beschwerde auflegen, indem sie die Nachbarschaft entweder mit zu singen oder ihre Gedankengeschäfte niederzulegen nöthigen"[57]

Vermutlich hat eine Gruppe singender Andächtler in Königsberg den Philosophen beim Gedankengeschäft gestört. An anderer Stelle räsoniert er, dass auch Bier ein Ursprung der Andacht sein könnte – was mit Blick auf das biblische Zeugnis wenigstens eine phänomenale Ähnlichkeit zum Pfingstereignis aufweisen würde. Wie dem auch sei: Die Kritik an den Frommen ist begleitet vom Lob der echten, wahren oder aufrichtigen Frömmigkeit.

Das sind die, die mit Ernst Christen sein wollen.[58] So bezeichnete Luther die Gruppe derjenigen, die sich von der Masse abhoben. Sie singen –

---

[56] Imanuel Kant, Die Religion innerhalb der Grenzen der blossen Vernunft, in: Schriften zur Philosophie der Religion, Bd. 6, Leipzig 1839, 385.

[57] Vgl. dazu Imanuel Kant, Deduction der reinen ästhetischen Urtheile § 53, in: Kritik der Urteilskraft, Hamburg/Leipzig 1884, 173.

[58] Die Formel „die mit Ernst Christen sein wollen" verwendete *Martin Luther* in seiner Vorrede zur Deutschen Messe (WA 19, 75,5) und meint damit solche, „die das Evangelium mit Taten und Worten bekennen, sich mit Namen eintragen und irgendwo in einem Haus versammeln, um zu beten, zu lesen, zu taufen, das Abendmahl zu empfangen und andere christliche Werke zu tun" (a.a.O., 75,5–8).

wie wir gehört haben, sie sind ergriffen. Sie lesen erbauliche Literatur. Sie sind die Frommen, die sich in der Kirche von den Anderen absondern. Aber sie waren immer auch die Motoren, die Avantgarde, der Stosstrupp der Kirche. Bei den Evangelischen waren es die Bewegungen. Im Unterschied zum Katholizismus gab es im Protestantismus keine Orden. Der geistliche Stand ist sozusagen auf eine Profession zusammengeschmolzen und alle Getauften sind gerufen, ein frommes Leben im weltlichen Stand zu führen.

Aber der Pietismus brachte ein Revival der Gemeinschaften im Evangelischen Bereich. Die Brüdergemeinde von Zinzendorf wurde die wohl grösste und einflussreichste auf dem Kontinent. Aus der Erweckung erwuchs die Innere Mission mit Diakonie, Anstalten und Werken, die Heiligkeitsbewegung in den grossen Städten Englands schuf neue soziale Formen: Verbände und Vereine wie YMCA.

Das alles schlug zurück auf die Kirche. Als Frage. Als Gefahr. Als Stachel und Spiegel. Denn die religiöse Kraft dieser Bewegungen deckte das laue und halbwarme Engagement der Unbewegten auf. Es ging im 19. Jahrhundert längstens nicht mehr um das so genannte Sonntagschristentum. Es ging um die Massen der religiös Inaktiven, um mechanische Traditionalisten, um konventionelle und innerlich unbeteiligte Religiosität.

Konflikte entzündeten sich bezeichnenderweise meistens an Glaubensfragen. Die Religiösen wurden auch „Positive" genannt, weil sie an den altkirchlichen und reformatorischen Bekenntnissen festhielten. Im grösseren Zusammenhang betrachtet, bilden die Positiven den Boden der Erweckungsbewegungen, die die evangelischen Kirchen seit der Reformation begleiten. Immer deutlicher wurde der Riss zwischen den Rechtgläubigen und den Aufgeklärten, die sich an einzelnen Glaubensaussagen stiessen. So richtig krachte es in Zürich, als die liberale Regierung einen Theologen an die Theologische Fakultät nach Zürich berief – David Friedrich Strauss. Er zweifelte die Gottessohnschaft Jesu an, hielt sie für einen Mythos. Wie auch immer: Er kam nie nach Zürich, weil das aufgewühlte Volk – angeführt von einem positiven Theologen – die Regierung putschte. Seither heissen solche Aufstände „Putsch". Das ist Zürichdeutsch und ist etwas heftiger als „Tätsch".⁵⁹

Die Geschichte zeigt erstens, dass die Religiösen noch über eine erhebliche Hausmacht verfügten. Diese schwand aber zunehmend mit dem Erfolg der Liberalen in Politik, Theologie und Kirche.

2.2 Die liberale Frage

Wer sind die Liberalen?⁶⁰ Auch hier ist eine gewisse Verlegenheit bei der richtigen Bezeichnung. Die Freisinnigen hielten es mit der Aufklärung. Auf Kant habe ich schon hingewiesen. *Sapere aude* hiess die Losung.⁶¹ Wage es, Deinen Verstand zu gebrauchen. Sie standen auf der Seite des Rationalismus und des Humanismus, der den Übergang von der spätmittelalterlichen Gelehrtenkultur zur Neuzeit markiert. Sie wollten, dass sie als freie denkende Menschen auch in religiösen Dingen mündig sind. Und sie waren erfolgreich. Die Französische Revolution half kräftig mit. In der Zeit der Helvetik hatten die jungen Radikalen Aufwind und die Kirche – mit dem Ancien Regime zusammen – geriet in den Gegenwind.

Der Kirchzwang wurde abgeschafft, die Bande zwischen Kirche und Schule, Gericht und Politik gelockert, die Pfarrschaft musste nicht mehr auf das Bekenntnis schwören. Ein kultureller Auflösungs- und Ablösungsprozess begann, den man seither Säkularisierung nennt.

Die liberalen Ideen waren wie der Sauerteig, der das säkulare Denken, Wesen, die Moral und den Glauben durchsäuerte. Zuerst war der Libera-

---

59 Einen gerafften Überblick bietet Emidio Campi, Kirche und Theologie im Zürich des 19. Jahrhundert, in: Emidio Campi/Ralph Kunz/Christian Moser (Hg.), Alexander Schweizer (1808–1888) und seine Zeit, Zürich 2008, 59–76, hier 60–62.
60 Vgl. dazu Peter Schweizer, Freisinnig, Positiv, Religiössozial. Ein Beitrag zur Geschichte der Richtungen im Schweizerischen Protestantismus, Zürich 1972.
61 Bekannt wurde dieses Zitat durch die Übersetzung von Immanuel Kant in seinem Aufsatz als Beantwortung der Frage: Was ist Aufklärung von 1784 als Leitgedanke der Aufklärung. Friedrich Schiller führte das Zitat als „vielbedeutenden Ausdruck" eines „alten Weisen" im 8. Brief seiner Abhandlung Über die ästhetische Erziehung des Menschen von 1795 an und übersetzte es mit „Erkühne dich, weise zu sein." – Quelle Wikipedia.

lismus elitär, dann wurde er populär und schliesslich revolutionär. Die zweite Revolution – in der Mitte des 19. Jahrhunderts – ist gelungen. Ein moderner Bundesstaat ist entstanden.

Was für die Republik gilt, soll fortan auch für die Kirche gelten. Das war die Wende. Die Kirche war schon lange nicht mehr die Autorität, die das geistige oder moralische Leben allein bestimmt, aber sie hatte in der alten Gesellschaft eine Machtstellung inne, die ihr niemand streitig machen konnte, dem sein Leben lieb war.

Das Blatt hat sich gewendet. Die Gedanken sind frei. Jetzt konnte man ohne Strafe reden, was man denkt, und nicht mehr glauben, was „die" Kirche sagt. Was für ein Fortschritt! Die eigentliche Herausforderung für die Kirche wurde nun aber, dass alle – die Positiven und die Liberalen – gemeinsam die Kirche bildeten. Die Kirche wurde im 19. Jahrhundert aus einer Landeskirche zu einer Volkskirche. Die romantische Idee einer Gesinnungsgemeinschaft, die durch Gefühle und nicht durch autoritäre Dogmen oder moralische Normen verbunden ist, war so etwas wie die Klammer, die das Ganze zusammenhielt. In den überschaubaren und kleinräumigen Verhältnissen der Schweiz gelang es dann tatsächlich, Koalitionen zu bilden und das zu verhindern, was in anderen protestantischen Gegenden geschah. Die Kirche blieb im Dorf. Es kam nicht zur grossen Abspaltungswellen wie etwa in Schottland oder Holland.

Es entstanden gleichwohl Parteien. Richtungen formierten sich, gründeten Zeitschriften und stritten in Synoden und in den Gremien. Aber sie blieben zusammen, wenn auch mit Ausnahmen. In der Waadt trennte sich der positive Flügel, in Bern wurde die Evangelische Gesellschaft gegründet, im Aargau und im Kanton Zürich sog. Minoritätsgemeinden.

Das war unter anderem auch ein Verdienst der Liberalen und der Freisinnigen. Den wichtigsten Beitrag leisteten die Vermittlungstheologen, die, wie der Name sagt, zwischen den kritisch–rationalen und den Konservativen zu vermitteln vermochten. Ihre Leit- und Sternfigur war Friedrich Daniel Ernst Schleiermacher. Seine Definition von Religion war allgemein genug, um Lehrunterschiede in den Hintergrund treten zu lassen. Sache der Gemeinde ist die religiöse Kommunikation, Sache der Individuen das Bekenntnis und Zeugnis. Nur so war Gemeinschaft noch möglich. Die Individualisierung des Glaubens war denn auch der Preis, den die Kirchen für diese Einheit der gegenseitigen Erbauung bezahlten.

Höhepunkt oder Tiefpunkt – wie man es nimmt – war der sogenannte Bekenntnisstreit.

Es ging nicht darum, dass die Liberalen das Apostolicum abschaffen wollten. Sie wehrten sich dagegen, dass es bei der Taufe verwendet werden musste. In der Gottesdienstordnung war es so vorgesehen. Der Kompromiss bestand dann darin, dass mehrere Formulare geschaffen wurden: solche mit und solche ohne Bekenntnis. Die liberalen Pfarrer waren befreit vom Zwang, die positiven Pfarrer konnten weiterhin ihren altmodischen Glauben pflegen. So sah der Kompromiss aus.[62]

2.3 Die soziale Frage

Die Lösung der so genannten Bekenntnisfreiheit ist eine typisch helvetische. Bis es dazu kam, verging ein halbes Jahrhundert. Man darf nicht übersehen: Die Lösung glich mehr Ablösung und Auflösung und liess vieles ungelöst. Aus religiöser Sicht bleibt es stossend, dass die Kirche das Fundament ihres Glaubens zur Disposition stellt; aus liberaler Sicht ist einer, der frei denkt, aber das Pech hat, in einer frommen Gemeinde zu sein, noch kein befreiter Protestant.

Die Gefahr der Spaltung blieb und bleibt latent. Aber in der Mitte des 19. Jahrhunderts ist eine weit grössere Abspaltung geschehen. Die Erfindung der Maschine, die Elektrifizierung und Industrialisierung veränderte die bäuerlich verschlafene Schweiz in wenigen Jahrzehnten. Es entstand auch in der Schweiz ein Proletariat. Der Fortschritt brachte eine inländische Migration. Die grossen Zentren wuchsen. Frauen, Männer und Kinder arbeiteten in den Fabriken zu unmenschlichen Bedingungen. Die soziale Frage war gestellt.

Die Formel war seit Mitte des 19. Jahrhunderts ein Kampfbegriff der Sozialdemokraten, um die Missstände der industriellen Revolution anzuprangern. Den Höhepunkt erreichte die Auseinandersetzung in der Russischen Revolution 1917. Das 19. Jahrhundert heisst auch deshalb „das lange Jahrhundert", weil erst in den späten 1910er Jahren – zusam-

---

[62] Dazu Rudolf Gebhard, Umstrittene Bekenntnisfreiheit. Der Apostolikumstreit in den Reformierten Kirchen der Deutschschweiz im 19. Jahrhundert, Zürich 2003.

men mit dem Ende des 1. Weltkriegs – der Fortschrittsoptimismus des 19. Jahrhunderts zusammengebrochen ist.

1904 verwendete Hermann Kutter den Begriff der sozialen Frage in seiner Kampfschrift „Sie müssen".[63] Er verweist seinerseits auf das Buch von Francis Greenwood Peabody „Jesus Christus und die soziale Frage"[64] – um sich gegen das „und" im Titel auszusprechen. Die soziale Frage, so lautet das Credo des Pfarrers in der Zürcher Neumünstergemeinde, *ist* eine religiöse Frage. Er nennt die (erwartete) sozialdemokratische Revolution ein kommendes Ereignis, das ein Gericht über die Welt bringe. Denn die Sozialdemokraten seien ein Werkzeug Gottes und werden darum auch zum Gericht für die Kirche, die das Eine, das nottut, nicht erkennen wolle. Die soziale Frage sei aber Gottes ureigenste Sache. Das zeichnet die Sozialdemokratie aus. Sie stehe für diese „eine Sache" ein. Darum „müssen" sie tun, was eigentlich Sache der Kirche sei, sagt Kutter.[65]

1907, drei Jahre nach dieser Brandrede, wurde der Freundeskreis der religiös-sozialen Bewegung gegründet. Schon bald wuchs die Schar der Bewegten, die sich als Pfarrer und Theologen für die Sozialdemokratie aussprachen oder – wie der jüngere Christoph Blumhardt – in die Partei eintraten. Es waren dramatische Zeiten: Der erste Weltkrieg, die russische Revolution und der Generalstreik brachten die Schweiz an den

---

[63] Hermann Kutter, Sie müssen. Ein offenes Wort an die christliche Gesellschaft, Berlin 1904.

[64] A.a.O., 185. Peabody gehörte zur Bewegung, die im englischsprachigen Raum „Social Gospel" genannt wird. Kutter bezeichnet den Bostoner Unitarier Peabody fälschlicherweise als Engländer.

[65] A.a.O., 29. Das erklärt auch den etwas rätselhaften Titel. „*Sie müssen*" bezieht sich auf die Sozialdemokraten, die gar nicht anders können, als gegen die bestehenden Verhältnisse zu revolutionieren, weil Gott sie dazu auserwählt habe. „Man sieht, dass sie [sc. die Sozialdemokratie] revolutionär sein muss, eben deshalb, weil sie sein muss." (93) In „Wir Pfarrer" (Leipzig 1907) wird der Gottesbezug Kutters noch deutlicher. „Tun können wir überhaupt nichts, empfangen müssen wir. Von Gott selbst empfangen, was uns fehlt." (26) Später sollte man den Religiös-Sozialen und deren Nachfolgerin – der politischen Theologie – das Gegenteil vorhalten. Dass sie sagt: Das zu Tun, was Gott geboten, das ist, was uns fehlt!

Rand eines Bürgerkriegs. Danach kamen die Wirtschaftskrise und der aufkommende Faschismus.

Leonhard Ragaz wurde zu einer prägenden Figur. Er blieb der Grundüberzeugung Kutters treu. Im Rückblick schrieb er: „Die soziale Not war vor allem auch ein Ausdruck der religiösen Not. In der sozialen Krise pochte Gott an die Tore einer Welt, die ihn vergessen hat."[66] Gleichwohl sah sich Leonhard Ragaz genötigt, sich von seinem Lehrer zu distanzieren. Interessant ist die Begründung. Für Ragaz stand Kutter mit seinem Pathos für das Göttliche näher bei Luther. Er selber sah „im reformierten Christentum, wie es sich in Zwingli, aber mit noch viel grösserer weltgeschichtlicher Bedeutung in Calvin darstellte",[67] die geistigen Fundamente der Schweiz.

Kritiker können im Zwinglibild von Ragaz sozialromantische Züge ausmachen. Aber er bezieht sich sicherlich zu recht auf den Zürcher Reformator, wenn er die *Gerechtigkeit* und das *Gemeinwohl* ins Zentrum seiner Theologie rückt. Sowohl Zwinglis Vorstellung des Wächter- und Hirtenamts[68] wie seine Lehre von der göttlichen und menschlichen Gerechtigkeit berühren sich mit dem Thema, das Ragaz stärker umtreibt als Kutter. Es ist das *Reich Gottes*, das er „als Kern und Stern der Bibel und der Sache Christi"[69] ins Zentrum seines theologischen Denkens stellt. Dass die soziale Frage zum Anliegen der Kirche werden muss, davon war Ragaz überzeugt. Das Reich Gottes übersteigt und überschreitet aber die Grenzen des Kirchentums! Es ist eine Kraft und eine Macht, die sich weder institutionell fixieren noch religiös definieren lässt. Mehr noch: Religion und Reich Gottes bilden einen Gegensatz. Gott selbst kämpft gegen seine Vergötzung an. Ragaz' Kirchenkritik ist Religionskritik, seine Religionskritik ist Gesellschaftskritik. Darum ist das Reich Gottes ein

---

[66] Leonhard Ragaz, Mein Weg, Zürich 1952, 240.
[67] A.a.O., 22.
[68] Vgl. dazu Hans Scholl, Nit fürchten ist der Harnisch. Pfarramt und Pfarrerbild bei Huldrych Zwingli, in: Zwingliana 19 (1992) 361–392. Scholl zeigt, wie stark Zwinglis Vorstellungen einer rechten Kirchenreform vom Gedanken des ‚bonum commune' geleitet waren.
[69] Ragaz, Mein Weg, 230.

Kampf, der in der *Welt* – also in Politik und Gesellschaft und nicht nur in der Kirche – ausgetragen werden muss.[70]

2.4 Kurzes Fazit

Die religiöse, die liberale und die soziale Herausforderung der Volkskirche – so habe ich sie betitelt – sind bei Lichte betrachtet nicht voneinander zu isolieren. Eher sind es Schlüssel zu verschiedenen Türen, die sich öffnen müssen, wenn die Kirche Kirche für das Volk ist:
(1) die *Wahrheit* des Evangeliums ist das Anliegen der Religiösen;
(2) die *Gerechtigkeit* für alle ist das Anliegen der Sozialen;
(3) die *Freiheit* der Gedanken und des Glaubens ist das Anliegen der Liberalen.

Wahrheit, Gerechtigkeit und Freiheit sind so etwas wie moderne *notae ecclesiae*. Sie lassen sich aus dem Evangelium begründen, gehören zueinander, werden aber zu Gegensätzen, wenn sie als isolierte Ansprüche formuliert werden, die das ganze Gefüge sprengen. Und genau das ist das Dilemma.

Die Forderung nach einer bekenntnistreuen Kirche, nach lebendigem Zeugnis und praktizierter Frömmigkeit kollidiert mit der religiösen Trägheit der Masse. Sie kollidiert mit den Interessen der Elite. Sie kollidiert mit dem Auftrag der Institution, die den Auftrag der Überlieferung hat. Um noch einmal den 1. August zu bemühen: Es ist ein Naturgesetz jeder Institution, dass der kleinere Teil aktive und der grössere Teil passive Mitglieder sind (siehe Abstimmungsbeteiligung etc.). Auch die Forderung nach politischer Gleichberechtigung und sozialer Gerechtigkeit bringt eine Kirche, in der alle per Steuern oder von Geburt an Mitglieder sind, in Bedrängnis.

Das zeigte sich im 19. Jahrhundert, als die Kirchenleitung zur gesellschaftlichen Oberschicht gehörte, die Basis aber nur wenig zu sagen hatte. Schliesslich stösst auch die Freiheit an ihre Grenzen. Denn jede Institution muss Innen und Aussen definieren. Unsere reformierten Landeskirchen sind stark geprägt vom Liberalismus des 19. Jahrhunderts. Aber gewisse Einschränkungen die Mitgliedschaft betreffend sind bis heute –

---

[70] Leonhard Ragaz, Weltreich, Religion und Gottesherrschaft, Bd. 2, Erlenbach-Zürich 1922, 135 (zit. aus Zangger, a.a.O. 12).

aus liberaler Sicht – stossend. Warum kann ich meine Gemeinde nicht frei wählen? Warum haben nur ordinierte Pfarrerinnen in der Kirche eine *venia praedicandi*?

Mit anderen Worten: *Die* bekennende, soziale und freie Volkskirche gibt es nicht, weil sie dann keine Volkskirche mehr wäre. Das hindert einzelne Gemeinden und Gemeinschaften nicht daran, innerhalb des Grossverbands bekennend*er*, sozial*er* und/oder frei*er* zu sein als das Gros der Mehrheit. Darum gibt es in der Volkskirche eine natürliche Gemeinde-Konkurrenz. Sie wird aber durch Macht-Monopole und Lenkungsmassnahmen der Kirchenleitung gebändigt. Man will keine Extreme und keine Exzesse. Sozial ist gut, aber sozialistisch wäre schlecht. Religiös ist okay, aber zu fromm könnte den Laden sprengen. Umgekehrt will und darf man die drei Schlüsselimpulse auch nicht zu stark unterdrücken: Sie sorgen für Bewegung oder eher: Die Bewegungen sorgen dafür, dass die gefährliche Erinnerung Jesu in der Institution nicht vergessen geht.

3 Die drei grossen Wenden im 20. Jahrhundert

3.1 Die radikale Wende in den Kriegsjahren

Lassen wir das einmal so stehen und gehen zurück zur Geschichte. Steigen wir ein mit dem 20. Jahrhundert. Zunächst schien es, dass man die zunehmende Entfremdung der Kirche nur mit einem der drei „Programme" lösen konnte. Entweder mit einer konsequenten Volksmission oder glaubwürdigen Antwort auf die soziale Frage oder mit einer Neuübersetzung überkommener Dogmen in einen modernen Glauben. 1919 formulierte Karl Barth in seinem Tambacher Vortrag „Der Christ in der Gesellschaft" den vehementen Einspruch der dialektischen Theologie gegen solche Rettungsversuche und leitete mit seiner Kritik eine neue Phase ein.[71] Er interpretierte die Bemühungen der Gemeindebewegung, der Mission und der Diakonie als Versuch, die Gesellschaft zu klerikalisieren, und ging mit den Protagonisten dieses Programms hart ins Gericht:

---

[71] Karl Barth, Der Christ in der Gesellschaft. Eine Tambacher Rede, Würzburg 1920. Zum Folgenden vgl. Peter Bloth, Praktische Theologie, Stuttgart 1994, 72–82.

„Lasst uns eine neue Kirche errichten mit demokratischen Allüren und sozialistischem Einschlag! Lasst uns Gemeindehäuser bauen, Jugendpflege treiben, Diskussionsabende und musikalische Andachten veranstalten! Lasst uns heruntersteigen vom hohen Turm der Theologen und dafür die Laien hinauf auf die Kanzel! Lasst uns mit einer neuen Begeisterung den alten Weg gehen, der mit dem Liebespietismus der inneren Mission beginnt und mit tödlicher Sicherheit mit dem Liberalismus Naumanns endigen wird."[72]

Barths fundamentale Opposition mag aus heutiger Sicht destruktiv wirken.[73] Es wird verständlicher, wenn seine „Kirchenschelte" gerade nicht als alternatives Programm, sondern als eine *radikale* Kritik, die *alles Handeln* in Frage stellt, gelesen wird. Barth bezeichnet denn auch seinen Standort als „Bewegung der Gotteserkenntnis". Nicht das Handeln *für* die Kirche, die für Barth „Religion an sich" ist, sondern die Einsicht in die Göttlichkeit Gottes soll das Handeln *in* der Kirche leiten. Es scheint, die dialektische Theologie postuliere das *Ende* der Kirchenleitung im Namen Gottes, weil Gott nicht als ein „Ding an sich betrieben und gepflegt werden kann".[74] Gleichzeitig wird aber auch der Anfang der Kirche erkennbar, dessen Wiederentdeckung für die Leitung der Kirche letztlich zur produktiven, kreativen und konstruktiven Triebfeder wurde. Die theologische Kritik der Kirche will nicht zerstörerisch sein, sondern den Aufbau einer Kirche in die Wege leiten, die Gott und nicht die Kirche als „actuoses Subject" erkennt und anerkennt. Am deutlichsten wird die Konsequenz dieser Umstellung und Umkehrung der leitenden Aktivität bei der Predigt. An der Versammlung der „Freunde der Christlichen Welt" auf der Elgersburg im Oktober 1922 führte Barth diesen Gedanken weiter und formuliert seine Kernthese im Titel: „Das Wort Gottes als Aufgabe der Theologie."[75]

Die Aufgabe, von Gott zu reden, bringt, wenn Gott selbst sein Wort sprechen soll,[76] die Kirchenleitung in eine Verlegenheit, die Barth als

---

[72] Hier zitiert aus: Bloth, a.a.O. 74.
[73] Jedenfalls trifft der Vorwurf hier nicht zu, wie Bloth, ebd., zu Recht betont.
[74] Barth, Christ, 16.
[75] Karl Barth, Das Wort Gottes als Aufgabe der Theologie, in: Albrecht Beutel et al. (Hg.), Homiletisches Lesebuch. Texte zur heutigen Predigtlehre, Tübingen 1989, 42ff.
[76] A.a.O., 49: „Von Gott reden würde heissen, Gottes Wort reden, das Wort, das nur von ihm kommen kann, das Wort, dass Gott Mensch wird […] Das

„Not" beschreibt. „Wenn einmal alle Kämpfe gegen eine alte oder für eine neue Kirche äusserlich so gegenstandslos werden, wie sie es innerlich vielleicht ohnehin sind, wenn all der darauf verwendete Ernst frei wird für ernsthaftere Gegenstände, rückt einem die wesentlichste Not der Theologie nur um so grimmiger zu Leibe."[77] Denn Menschen können nicht von Gott reden. Dass Theologen von Gott reden sollen, es aber nicht können, weil sie nur Menschen sind, kann mit Barth auch als Kennzeichen der *kybernetischen Situation* begriffen werden.[78] Kirchliche Programme, die, um der Not auszuweichen, diakonische oder seelsorgliche Tätigkeiten einfordern, erkennen diese Situation nicht und verfehlen die eigentliche Not wie den ureigenen Auftrag der Kirche. Ob die Kirche nach rechts oder links driftet, sei völlig gleichgültig. Sie steuert auf jeden Fall in die falsche Richtung, wenn sie versucht, Menschen religiös zu erreichen. Für ihre Existenz brauchen die Zeitgenossen keine solche Unterstützung.[79] Das unmögliche Ziel müsse es sein, durch Gott Menschen und mit Menschen Gott zu erreichen.

Mit dem Ende der Weimarer Republik und Hitlers Machtübernahme trat die theologische Debatte um das rechte Verständnis von Kirche wiederum in eine neue Phase. Aus dem Streit um die Kirche wurde der Kampf in der Kirche für die wahre Kirche. Innerhalb weniger Jahre hat sich die Situation radikal verändert. Ein paar Stichworte müssen genügen, um die neue Lage zu umreissen: Das politische Regime griff massiv in die Selbstorganisation der Kirche ein. Mit Hilfe der NSDAP hatten die Deutschen Christen durch die Kirchenwahl vom 23. Juli 1933 fast alle leitenden Stellen in den evangelischen Kirchen Deutschlands besetzt. Am 27. September 1933 wählte die Nationalsynode in Wittenberg Ludwig Müller, den Bevollmächtigten Hitlers, in das neu geschaffene Amt des Landesbischofs an die Spitze einer „Reichskirchenregierung".

---

zu sagen, dass Gott Mensch wird, aber als Gottes Wort, wie es eben wirklich Gottes Wort ist, wäre unsere theologische Aufgabe."

[77] A.a.O., 43.
[78] Barth spricht seine Amtskollegen auf ihre *Berufssituation*, die kybernetische Situation also, indirekt an, wenn er sagt: „Über unsere *Situation* möchte ich mich mit Ihnen unterhalten, und das sollte möglich sein, gleichviel ob wir so oder anders empfinden." (ebd.)
[79] A.a.O., 45.

Den entscheidenden kybernetischen Impuls der Kampfjahre bringt Hans Asmussen in seinem Kommentar zur Barmer Theologischen Erklärung (1934) auf die Formel: „Es muss die Kirche Kirche bleiben, sonst kann sie nicht missionarisch wirken."[80] Unter den Bedingungen „einer extremen Geschichte" hat die kybernetische Diskussion eine neue Richtung genommen. Die Gestaltung und Leitung der Kirche wurde zu einem Politikum und zu einer Bekenntnisfrage zugleich. Impulse der praktischen Ekklesiologie, die stärker die Volksmission betonten, wurden in den Hintergrund gedrängt, weil die bekennende Kirche sich gegen die Vormacht des Völkischen wehren musste.[81]

3.2 Die kulturelle Wende in den 1960er Jahren und die pragmatische Wende in den 1990er Jahren

Nach dem 2. Weltkrieg hatte die Kirche ein kurzes „Zwischenhoch". Im kriegszerstörten Europa waren alle politischen Parteien moralisch am Boden. Kein „-ismus", der nicht kompromittiert war und keine Ideologie, die nicht Dreck am Stecken hatte. In diesem weltanschaulichen Vakuum verbündete sich die Kirche mit den neo-konservativen Kräften und half, das neue Europa aufzubauen.

In den 1960er Jahren bricht ein neuer Modernitätsschub die fragile Koalition auf. Die bürgerlichen Eliten verabschieden sich von der Kirche und die einfachen Arbeiter haben nie zurückgefunden. Es bleiben die Kleinbürger. Kirche wird brav, frömmlich und eng. Aber es regt sich Widerstand. Junge Theologen der 1968er Generation wollen nicht nur die Welt und die Strukturen ändern: Auch die Kirche soll sich öffnen. Zur Welt hin, zum Alltag und zu den konkreten Problemen. Glauben soll die Wirklichkeit thematisieren. Entsprechend waren die Initiativen. Geld war nicht das Problem! Man gründete Bildungshäuser und schuf neue Stellen: Wirtschaftspfarrämter, Eheberatung, Sozialdienste, Flughafenseelsorge...

---

[80] Alfred Burgsmüller/Rudolf Weth (Hg.), Die Barmer theologische Erklärung. Einführung und Dokumentation, Neukirchen-Vluyn 1984, 56.

[81] Gleichwohl sind Impulse der praktischen Ekklesiologie in die Kybernetik der Bekennenden Kirche eingeflossen. Vgl. dazu die „Erklärungen zur praktischen Arbeit der Bekenntnissynode der Deutschen Evangelischen Kirche" in Burgsmüller/Weth, a.a.O., 77ff.

Ein neuerlicher Klimawandel in den 1990er Jahren, brachte in einigen Kirchen einen Strategiewechsel. Die Ressourcenlage wurde wegen wegbrechender Steuereinnahmen zunehmend prekärer. Da und dort – je nach Bevölkerung – musste rigoros gespart werden. Gleichzeitig übten Entwicklungsmodelle aus der Wirtschaft eine grosse Faszination aus. Das war vor dem Börsencrash...

Alles in allem lassen sich im Rückblick zwei zeitgeistige Strömungen ausmachen, die die Grosskirchen in den letzten 50 Jahren stark geprägt haben. Einerseits eine Anpassung im Themenbereich an das säkulare Umfeld und andererseits eine Anpassung der Steuerung und Leitung an das Modell der Organisation.

3.3 Zwischenfazit

Die radikale Wende am Anfang, die kulturelle in der Mitte und die pragmatische Wende am Ende des Jahrhunderts antworten auf die Herausforderungen der Zeit und fordern die Volkskirche heraus. Wir sehen viel deutlicher als noch im 19. Jahrhundert, wie sich eine kirchenkritische Theologie etablieren konnte; wir konstatieren auch eine gewisse Theologiedistanz und Abstinenz in der Kirche. Ich sehe in den drei Wenden wiederum Schlüssel. Mit drei Leitbegriffen gesagt:

(1) das Anliegen der radikalen Theologie ist es, die *Heiligkeit* des Evangeliums als Anfang der Erneuerung anzuerkennen;

(2) das Anliegen der gesellschaftskritischen (politisch engagierten) Theologie ist die *Öffentlichkeit* der Kirche, die eine gesellschaftliche Funktion hat und eine Rolle spielen will;

(3) das Anliegen der pragmatischen Kirchenentwickler ist es, eine *Effizienz* der Organisation anzustreben, dank der sich Kirche trotz struktureller Einschränkungen weiterentwickeln kann.

Wenn Wahrheit, Gerechtigkeit und Freiheit mit ihren „Bewegungen" so etwas wie moderne *notae ecclesiae* sind, so sind Heiligkeit, Öffentlichkeit und Wirtschaftlichkeit die Bedingungen der Möglichkeit kirchlicher Präsenz. Eine präsente Kirche hat den Auftrag, die Gegenwart Gottes zu bezeugen. Wozu sonst ist sie da? Aber sie kann das nur immer in den Gefässen dieser Welt: Als eine Institution, die öffentlich rechtlich anerkannt ist, wenn sie politisch etwas bewirken will, und als eine Organisation, die funktionieren muss, wenn sie nicht Konkurs gehen will.

Kirche ist aber immer auch Bewegung. Und genau darin besteht das Dilemma. Institution und Organisation haben verglichen mit dem, was die Bewegung der Kirche ausmacht, unterschiedliche Funktionslogiken, die sich nicht ohne weiteres auf einen Nenner bringen lassen.

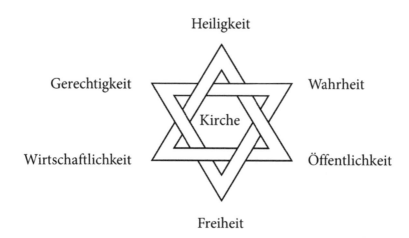

4 Die Herausforderung der Kirche im 21. Jahrhundert

4.1 Gegenwart

Ich komme zur Quintessenz und damit zu dem, was im Titel versprochen wird – zur Gegenwart der Kirche. Selbstverständlich könnte man mit Hilfe der Religionssoziologie und anderen Sozialwissenschaften, die die Kirche beobachten, etwas zur Situation sagen. Seit den 1970er Jahren wächst das Heer der Beobachter, die ganze Bibliotheken mit ihrer literarischen Produktion füllen.

Ich habe manchmal den Eindruck, Theologen reden nur noch soziologisch von der Kirche als Institution und dem Glauben als Religion. Die Stichworte sind Ihnen bekannt: Religion ist individualisiert und pluralisiert – kein Wunder: Wir leben mobil und zerstreut –, Tradition wird gewählt und nicht übernommen, religiöse Überzeugungen werden gebastelt und nicht überliefert. Also haben alle traditionellen Kirchen ein Problem: Sie können die Menschen nicht mehr über die ganze Lebensspanne bei der Stange halten. Landes- und Freikirchen können die jungen und Erwachsenen mittleren Alters nicht binden, den Nischen- und Jugendkirchen fällt es schwer, den 30jährigen feste Speise zu bieten. Man täusche sich nicht.

Zur soziologischen Diagnose kommt die statistische Prognose. Weil mehr Mitglieder sterben als geboren werden und mehr austreten als eintreten, schrumpfen die Kirchen. Im Kanton Zürich verschwindet eine Gemeinde von 3000 Mitgliedern pro Jahr. Weil der Anteil der nichtchristlichen Bevölkerung steigt, sinkt die reformierte und katholische Bevölkerung auch relativ. Im 19. Jahrhundert war bis auf kleine Minderheiten – Juden und Migranten – jeder Bürger auch Mitglied einer der beiden Kirchen. Heute sind wir immerhin noch bei 60%. In dreissig Jahren dürfte es wesentlich weniger sein. Etwa 30% der Bevölkerung. Das alles sind unumkehrbare Trends. Auch eine Erweckung bringt keine Wende. Denn eine Erweckung wird mehr Austritte produzieren als das Absterben der Gemeinden...

Das hört sich sarkastisch an. Und ist es auch. Ich habe ja gewarnt, es kommt zur Wurst. Wenn wir so von Kirche – Gemeinde und Gemeinschaft reden – reden wir fleischlich. *Sarkasmus* ist ein latinisiertes griechisches Substantiv (σαρκασμός – *sarkasmós*, „die Zerfleischung, der beissende Spott", von altgriechisch σαρκάζειν – *sarkazein*, „sich das Maul zerreissen, zerfleischen, verhöhnen"), das sich letztlich vom Nomen σάρξ – *sarx*, „das (rohe) Fleisch", ableitet.

Man muss aber nicht sarkastisch werden. Ich meine, es stehe uns gut an, von der Kirche pneumatisch zu sprechen. Das passt zur Gegenwart. Denn Gegenwart meint etwas Geistliches. Sie ist eigentlich von der Ent-Gegen-ER-Wartung Gottes geprägt. Gemeinde geschieht und ereignet sich, wo zwei oder drei sich in seinem Namen versammeln.

Von der Kirche nur als Geistereignis zu sprechen, hätte aber schnell etwas Spiritualistisches. *Spiritualismus* ist das Gegenstück zum Sarkasmus. Es gibt auch ein verwehtes Reden von Gemeinde, ein Träumen und Idealisieren, das mehr schadet als nützt. Dietrich Bonhoeffer warnt in einem kleinen Büchlein vor der erträumten Gemeinschaft.[82] Irgendwann werden wir enttäuscht. Es verbläst uns.

Mein Versuch, die Gegenwart der Gemeinde zu erfassen, möchte Sarkasmus und Spiritualismus vermeiden. Wir müssen Gemeinde *inkarna-*

---

[82] Dietrich Bonhoeffer, Gemeinsames Leben, Gütersloh 2002.

torisch verstehen. Das hat eine doppelte Bedeutung. Gemeinden fallen nicht vom Himmel. Gottes Geist hat Gestalt angenommen – ist Leib geworden. Also müssen wir die Geschichte erzählen, auch die Schuldgeschichte unserer Kirche. Gemeinschaften, die meinen, sie können sich aus ihrer Familiengeschichte verabschieden, haben noch nicht begriffen, dass sie spiritualistisch glauben. Es wird sie eines Tages verblasen.

Inkarnatorisch Gemeinde und Kirche verstehen, heisst, den Einfluss Gottes auf Menschen vergegenwärtigen. Das kann ich nicht als Beobachter. Nur ein Beteiligter kann Gemeinde so wahrnehmen. Wir erfahren Kirche als Glaubensgemeinschaft, wir erglauben und erhoffen sie, also erkunden und erfinden wir sie auch. Mit diesem Anspruch der gläubigen Kritik oder einem urteilsfähigen Glauben rede ich anders über Gemeinde als die Auguren, die Mitglieder zählen und Akzeptanzen messen. Ich hüte mich deshalb, etwas über den allgemeinen Zustand der Gemeinden und Gemeinschaften zu sagen. Das, was wirklich zählt, lässt sich nicht statistisch erheben oder soziologisch analysieren. Es stimmt immer nur für einen Ort und nur dann, wenn der, der etwas zur Situation dieser Gemeinde sagt, die Gabe hat, Geister gegenwartsträchtig zu unterscheiden.

4.2 Zukunft in Sätzen

Wie sieht die Kirche der Zukunft aus? Beten und Nachdenken bilden keinen Gegensatz – sie bilden sich gegenseitig. Wenn sich die Kritik der Vernunft und die Demut des Glaubens treffen, entsteht Theologie. *Logos theou* ist die Rede von Gott, die Kirche als Sünderin erkennt, aber Kirche auch als Geschöpf des Wortes erglaubt. „Kirche ‚erglauben‘, heisst, sie mit den Augen des Glaubens sehen."[83] Nur in dieser Perspektive sind auch Zukunftsaussagen zu wagen. Ich möchte mit Gewagtem und Erwogenem schliessen – assoziative Sätze, die ich zur Diskussion stelle und durchaus für bestreitbar halte. Hoffentlich sind sie geistreich und haben etwas Fleisch an den Knochen.

Ich beginne mit einer steilen Aussage. Wenn statt „Erweckung" der Gemeinde die „Erhaltung" der Kirche auf der Agenda steht, haben wir die eigentliche Herausforderung nicht verstanden. Die fromme Sicht des

---

[83] Christian Möller, Lehre vom Gemeindeaufbau, Bd. 2, Göttingen 1990, 261.

19. Jahrhunderts wird dann lediglich von der pragmatischen Sicht des 20. Jahrhunderts überdeckt. Es geht um den Aufbau der Gemeinde und nicht um die Erhaltung der Organisation.

Aber die religiöse, soziale und liberale Anfrage bleibt auf der Agenda. Sie werden nur dann recht gehört, wenn sie nicht mit der Allüre gehört werden, es könne die Kirche die Welt retten. Wer so denkt, halte sich das Schicksal der Challenger, die 1986 explodierte, vor Augen. Zu sarkastisch? Ich sage nicht, dass diese Herausforderungen keine Risiken bergen – aber es geht nicht um den Untergang des Abendlandes, sondern um den Umbau der Kirche.

Wichtiger als die Erhaltung der religiösen Dienstleistungen der Organisation Kirche ist die Förderung der Dienstgemeinschaft in der Gemeinde. Wenn die reformierte Kirche dem reformatorischen Erbe treu bleiben will, muss sie sich freilich von einigen (scheinbar) reformierten Ideen verabschieden. Zum Beispiel dämmert langsam die Idee, dass die parochiale Struktur nicht mehr die einzig allein seligmachende ist. Wir brauchen andere Verteilnetze und den Mut, begradigte Kirchenflüsse zu renaturieren. Wir müssen die Illusion loslassen, die Massen zurückzuerobern und die Expedition ins Reich der wilden Milieus wagen. Wir müssten tapferer tote Gemeinden begraben und mehr investieren in Orte des Lebens.

Das Religiöse war im 19. Jahrhundert ein Erbe des Pietismus und der Mystik. Im 20. Jahrhundert kam das Pfingstliche dazu, aber auch der Evangelikalismus amerikanischen Zuschnitts, der nach dem 2. Weltkrieg zusammen mit Coca Cola einen Mainstream in der *Global Christianity* bildete. In der Pflanzen- und Tierwelt spricht man von der Bio-Invasion. Eingeschleppte Arten verdrängen die einheimischen, zerstören die Diversität und errichten eine Monokultur. Deshalb brauchen wir auch etwas Kräftiges gegen das Unkraut der McDonaldisierung.

Gegen die geistige Verwüstung des frommen Einheitsbreis hilft einzig und allein die Tradition. Ich glaube deshalb an die Ökumene. Wir brauchen einen Austausch der Gaben: den Enthusiasmus der Charismatiker, die Schönheit der orthodoxen Liturgie, die intellektuelle Schärfe der akademischen Theologie, die Radikalität der Franziskaner, die Offenheit der liberalen Kulturprotestanten.

Die Grosskirchen zahlen für die pragmatische Entschärfung der Spaltgefahr den hohen Preis der Durchschnittslähmung. Was den Einen zu eng ist, wird den Anderen zu weit. Wenn wir zusammen *Kirche* bleiben wollen, müssen wir Formen des gemässigten Separatismus zulassen.[84] Sie muss andererseits einen radikalen Verfassungsliberalismus praktizieren. Sie muss Extremistenschutz betreiben und gleichzeitig Minderheiten pflegen.

Die Grosskirche muss in ihren Reihen Gemeinschaften haben, die fragen: Wie treu sind *wir* in der Nachfolge Jesu und dem Bekenntnis? Gemeinschaften sind solche eingebaute Separatisten. Sie müssen sich ihrerseits aber fragen lassen: Wie loyal seid Ihr mit dem Auftrag der Grosskirche? Wie steht Ihr zur Tradition? Wie tolerant seid Ihr mit den Liberalen?

Wir können die Ausdifferenzierung der Gemeinden nicht verhindern, aber dürfen die Vision der inklusiven Gemeinschaft nicht aus den Augen verlieren. Wir dürfen uns nicht zufrieden geben mit dem *Nebeneinander* von Kasual-, Familien-, Kern- und erweiterte Mitgliedergemeinde und quer dazu Netzwerke, Bewegungen, Stil-, Ziel-, Alters- und Interessensgruppen forcieren. Sonst zerfällt die Gemeinde in tausend Stücke.

Wir müssen weiter theologisch arbeiten: Was ist Gemeinde in der Postpostmoderne? Wie können wir gemeinsam bekennen? Welche Gemeinden wollen wir in der reformierten Kirche (nicht) fördern? Vielleicht müssen wir auch alte Zöpfe neu entflechten und von der Una Sancta lernen, wie wichtig die Einheit ist. Denn an der Einheit werden wir erkannt, daran, dass wir Gottes einzigartiges und heiliges Volk sind. Das könte doch ein Satz sein für den Schluss einer 1.-August-Rede!?

---

[84] Wilhelm Stählin, Bruderschaft, hg. von Frank Lilie, eingel. von Peter Zimmerling, Leipzig 2010, 51: "Damit es Bruderschaft in der Kirche gebe, muss es Bruderschaften in der Kirche geben. Und wenn Bruderschaften notwendig sind, dann müssen sie gewagt werden. Und wenn dabei Gefahren drohen, dann müssen sie erkannt und überwunden werden."

Replik: Andreas Steingruber

Wo beginnt man, wenn man von unserer Kirche spricht? Grundsätzlich beruft sich jede christliche Gemeinschaft auf die Anfänge im ersten Jahrhundert und somit auf die Zeugnisse in den Evangelien. Ohne den Blick auf die gesamte Kirchen- und Christentumsgeschichte zu verlieren, ist es von zentraler Bedeutung, einzelne Abschnitte genauer zu betrachten, denn eine hermeneutische Reflexion der Kirche und ihrer Geschichte ist von grosser Bedeutung, wenn wir von der Gegenwart und Zukunft der Gemeinden und Gemeinschaften sprechen wollen. Darauf geht Ralph Kunz in der Einleitung des vorangehenden Beitrags ein. Kunz beginnt aber nicht in den 70er-Jahren des letzten Jahrhunderts, um die vierzigjährige Geschichte der Landeskirchlichen Gemeinschaft Jahu zu deuten, auch nicht im 16. Jahrhundert mit einem Fokus auf die evangelisch-reformierte Kirche. Sondern Kunz untersucht auf faszinierende Art und Weise die Entwicklung der Volkskirche – eine Bezeichnung, die auf Friedrich Schleiermacher zurückgeht – ab dem 19. Jahrhundert. Nicht etwa um pathetisch das heutige Volkskirchenmodell zu loben, sondern um auf dessen Herausforderungen und Kehrtwenden im 19. und 20. Jahrhundert hinzuweisen, da diese noch heute Antworten und Berücksichtigung bedürfen. Seine Hauptthese lautet wie folgt: „[D]ie Gemeinden und Gemeinschaften der Volkskirche haben nur dann eine Zukunft, wenn sie auf die Fragen des 19. Jahrhunderts glaubwürdige Antworten finden, indem sie die Kehrtwenden im 20. Jahrhundert kritisch bedenken" (Kunz, 46). Kunz differenziert zwischen den *religiösen, liberalen* und *sozialen* Herausforderungen, die seit dem 19. Jahrhundert nicht aufgearbeitet worden seien. Die Ansprüche dieser jeweiligen Herausforderungen – *Wahrheit, Freiheit* und *Gerechtigkeit* – seien zu oft als voneinander isolierte Ansprüche postuliert worden. Der Schlüssel liegt für Kunz darin, diese Ansprüche nicht als Gegensätze zu verstehen, die gegeneinander ausgespielt werden können, sondern Elemente, die unbedingt zueinander gehören und aufeinander bezogen werden müssen.

Interessant ist, dass diese Herausforderungen und Spannungen, die mittlerweile rund 200 Jahre alt sind, in einer offiziellen Erklärung zwischen der evangelisch-reformierten Kirche in Bern und ihren Gemeinschaften immer noch Hauptgegenstand der Diskussionen sind. Am 17. November 2013 wurde die gemeinsame Erklärung *Unterwegs zum ge-*

meinsamen Zeugnis – evangelisch-reformierte Landeskirche und evangelische Gemeinschaften[85], welche die Beziehung zwischen der Evangelisch-reformierten Kirche des Kantons Bern, dem Evangelischen Gemeinschaftswerk (EGW) und weiteren evangelischen Bewegung und Gemeinschaften (Vineyard Bern, Neues Land, Landeskirchliche Gemeinschaft Jahu u.a.) anlässlich eines gemeinsamen Gottesdienstes in der Petruskirche in Bern unterzeichnet. Diese Erklärung, die erstmals vorbildhaft das Verhältnis zwischen einer kantonalen Landeskirche und deren Gemeinschaften regelt, benennt die Gemeinsamkeiten, die Differenzen und letztlich konkrete Schritte, zu denen man sich verpflichtet, um das gemeinsame Zeugnis zu stärken. Unter den Gemeinsamkeiten wird bekenntnishaft auf die klassischen reformatorischen Grundanliegen sowie die Kennzeichen der Kirche (*notae ecclesiae*) Bezug genommen. Bei den Spannungsfeldern handelt es sich um Differenzen in der *Lehre*, der *Ethik* und den *Ausdrucksformen von Frömmigkeit*. Hier lässt sich ein deutlicher Zusammenhang zu Kunz' Begrifflichkeiten erkennen: *Wahrheit, Freiheit* und *Gerechtigkeit*. Betrachtet man diese Spannungsfelder, die in der gemeinsamen Erklärung in acht Unterpunkten genauer erläutert werden, wird deutlich, dass gerade diese zentralen Aspekte, die *religiösen, liberalen* und *sozialen* Herausforderungen, zu stark isoliert betrachtet werden, was in der Praxis dann oft zu Ab- und Ausgrenzungen führt.

Wie also soll nun konkret die gemeinsame Gegenwart beziehungsweise Zukunft der evangelisch reformierten Kirche mit ihren Gemeinschaften gestaltet werden? Wie kommt es zu einem Paradigmenwechsel bei der evangelisch-reformierten Kirche sowie den Gemeinschaften, durch den die erwähnten Herausforderungen nicht mehr als konkurrierende, sondern als ergänzende Aspekte gesehen werden können? Gemäss Kunz sind weder „Erweckung" noch Erhaltung der aktuellen Gegebenheiten erstrebenswerte Wege in die Zukunft, sondern *Aufbau*. Unter *Aufbau* versteht Kunz die Rückbesinnung auf das reformatorische Erbe und somit die Bereitschaft, sich zu reformieren und sich von (scheinbaren) Ideen zu verabschieden. Dabei stellt er unter anderem die volkskirchliche

---

[85] Reformierte Kirchen Bern-Jura-Solothurn, Unterwegs zum gemeinsamen Zeugnis – evangelisch-reformierte Landeskirche und evangelische Gemeinschaften. Was uns eint – wo wir uns reiben – wozu wir uns verpflichten, Bern 2013.

Idee der parochialen Struktur als einzig gültige Form in Frage und äussert selbstkritisch:

„Wir brauchen andere Verteilnetze und den Mut, begradigte Kirchenflüsse zu renaturieren. Wir müssen die Illusion loslassen, die Massen zurückzuerobern und die Expedition ins Reich der wilden Milieus wagen. Wir müssten tapferer tote Gemeinden begraben und mehr investieren in Orte des Lebens." (Kunz, 63)

Für Kunz ist klar, dass eine weitere Zerstückelung und ein *Nebeneinander* von Kasual-, Familien-, Kern- und erweiterter Mitgliedergemeinde und entsprechenden Interessengruppen keine Option ist. Sein Postulat lautet:

„Wenn wir zusammen *Kirche* bleiben wollen, müssen wir Formen des gemässigten Separatismus zulassen. Sie [die Grosskirche] muss einen radikalen Verfassungsliberalismus praktizieren [...], Extremistenschutz betreiben und Minderheiten pflegen." (Kunz, 63f).

Ich möchte zu dem von Kunz vorgeschlagenen Lösungsvorschlag ergänzend die Frage stellen, in welchem Geist man als Gemeinde und Gemeinschaften aufeinander zugehen soll? Dies kommt m.E. auf eindrückliche Art und Weise zum Ausdruck, wenn man nochmals einen Blick zurück wagt – wie es auch die Gemeinsame Erklärung von 2013 tut und dabei einen Teil des 38. Kapitels des Berner Synodus[86] von 1532 zitiert:

«Doch ist sehr darauf zu achten, dass wir nicht bissig und jähzornig sind und nicht stur, wie Leute, die nur ihre eigene vorgefasste Meinung verfechten und behaupten wollen. Denn wer bei einem anderen etwas von Christus und seinen Gaben findet – es sei so klein, wie es wolle! – der soll dafür Gott danksagen und schonend verfahren: Er soll dieser Gabe hervorhelfen und die Geister nicht auslöschen. So kommt ein gelassenes Herz zu grosser Erfahrung göttlicher Wirkungen.»[87]

Die reformierte Kirche im Kanton Bern hatte 1532 nicht die gleichen Herausforderungen wie wir heute. Doch Unzufriedenheit unter Altgläu-

---

[86] Erste evangelische Predigerordnung im bernischen Stadtstaat, die auf der Berner Synode von 1532 verhandelt wurde.
[87] Zitiert aus Sallmann, Martin; Zeindler, Matthias (Hg.), Dokumente der Berner Reformation: Disputationsthesen, Reformationsmandat, Synodus, Zürich 2013, 116.

bigen, Vorwürfe von radikalen Gruppierungen, denen die Erneuerung zu wenig weit ging (Täufer), und politische Instabilität auf eidgenössischer Ebene stürzten die noch junge, zerstrittene und geschwächte evangelische Kirche in eine erste Krise.[88] In dieser prekären Lage befand sich die Kirche bereits vier Jahre nach der Einführung der Reformation in Bern. Der Rat zu Bern war nun gefordert, da er neben den weltlichen Angelegenheiten auch die Verantwortung für die geistlichen Angelegenheiten übernahm und für Ordnung und Frieden im grössten Stadtstaat nördlich der Alpen sorgen musste.

Der Geist, in dem der Berner Synodus die Prediger aufruft, sich zu begegnen, ist nach wie vor sehr relevant und aktuell für das Miteinander von Gemeinde und Gemeinschaften heute. Diese Haltung bildet m.E. nicht nur den Schlüssel für die zwischenmenschlichen Beziehungen beziehungsweise die innerevangelische Ökumene, sondern auch für das Verhältnis und den Umgang mit den Herausforderungen des 19. Jahrhunderts – den *religiösen, liberalen* und *sozialen* Herausforderungen. Spielt man die Aspekte *Wahrheit, Freiheit* und *Gerechtigkeit* nicht gegeneinander aus, sondern schaut genau hin und findet darin etwas von Christus und seinen Gaben – *es sei so klein, wie es wolle!* – kann man Gott dafür danken und dieser Gabe hervorhelfen. Auf diese Weise wird pneumatisch von der Kirche gesprochen, denn sowohl die Gemeinden als auch die Gemeinschaften bedürfen für die Gegenwart und Zukunft einer geistlichen Erneuerung.

Ich bin Ralph Kunz sehr dankbar für die hilfreiche Rückschau ins 19. und 20. Jahrhundert und das Aufzeigen von Herausforderungen und Fragen, die eine kritische Bewältigung bedürfen. Dass aber eine kritische Auseinandersetzung nicht zu zwischenmenschlichen Ab- bzw. Ausgrenzungen führt, erfordert gerade eine durch den Geist der Liebe geprägte und motivierte Beschäftigung mit den wesentlichen Fragen – die Kunz aufwirft.

Veni sancte spiritus!

---

[88] Vgl. a.a.O., 17–19.

III Neutestamentliche Impulse zum Wesen und Auftrag der Kirche

Von Ulrich Luz

1 Neutestamentliche Bilder von der Kirche

Vorbemerkung zur Überschrift dieses ersten Abschnittes:

Ich spreche von ‚Bildern der Kirche' in der Mehrzahl. Es gibt *viele* Bilder von der Kirche im Neuen Testament. Ich bin persönlich sehr froh darüber. Nicht alle Menschen in neutestamentlicher Zeit haben über Kirche gleich gedacht und nicht alle Kirchen oder Gemeinden haben in neutestamentlicher Zeit gleich ausgesehen. Das ist für uns gut. Auch heute haben wir ja sehr verschiedene Kirchen und Gemeinden und wenigstens das haben wir gemeinsam mit dem Neuen Testament.

Aus der Fülle der Kirchenbilder des Neuen Testaments wähle ich sechs Bilder aus.

1.1 Erstes Bild: Lukas 9,59f

„Zu einem anderen sagte er: Folge mir nach! Der erwiderte: Lass mich zuerst heimgehen und meinen Vater begraben. Jesus sagte zu ihm: Lass die Toten ihre Toten begraben; du aber geh und verkünde das Reich Gottes!" (Lk 9,59f).

Ich möchte in diesem Bild von *Jesus* sprechen. Er wirkte in Israel als Gesandter Gottes und – noch verborgen – als der kommende Menschensohn–Weltrichter. Er verkündigte das Gottesreich, das in seinem Wirken, vor allem in seinen Krankenheilungen und Dämonenaustreibungen, seinen verborgenen Anfang hatte. Er berief Menschen in seine Nachfolge. Nachfolge – das ist ganz wörtlich zu verstehen: Jesus wirkte als Wanderprediger, ohne festen Wohnsitz. Seine Jünger sollten dieses Wanderleben teilen. *Wie er*, sollten sie auf Besitz, Familienleben und Berufsausübung verzichten, „alles verlassen" – wie es vor allem bei Lukas öfters heisst. *Wie er*, erhielten sie den Auftrag, das Gottesreich zu verkünden oder, wie Markus bei der Berufung des Petrus formuliert, „Menschenfischer" zu werden. *Wie er*, sollten sie Kranke heilen und Dämonen austreiben. Mt 10,7f lesen wir: „Geht und verkündet: Das Himmelreich ist nahe. Heilt Kranke, weckt Tote auf, macht Aussätzige rein, treibt Dämonen aus! Umsonst habt ihr empfangen, umsonst sollt ihr geben." Vielleicht hat schon Jesus seine Jünger einmal zu selbständiger Mission in Israel ausgesandt: *Wie er* selbst, sollten auch sie dabei vollkommen arm sein, ohne Portemonnaie zur Mission aufbrechen, ohne Stock, d.h. wehrlos und gewaltlos wie Jesus. Sie sollten von der Gastfreundschaft der Menschen leben. Wenn sie nicht aufgenommen würden, sollten sie den Staub von ihren Füssen schütteln – als ein Zeichen des Gerichts. Als es sich abzeichnete, dass Jesu Wirken in Israel auf Widerstand stiess, sprach Jesus auch für seine Jünger vom Martyrium: "Wer nicht sein Kreuz trägt und mir nachfolgt, der kann nicht mein Jünger sein" (Lk 14,27). Vor allem sollten sie Jesus begleiten und *bei ihm* sein. Nach dem Lukasevangelium waren es 70 Jünger; darunter vielleicht auch Frauen. Nach dem Matthäusevangelium bestand dieser innerste Kreis aus zwölf Männern, die Matthäus mit den späteren Aposteln identifiziert. In beiden Evangelien sind die Zahlen symbolisch: Sie weisen auf die Ganzheit des Zwölfstämmevolks Israel.

Der innerste Kreis der Nachfolger Jesu war die Keimzelle der späteren Kirche. Eine Kirche, sofern man darunter eine neue, von Israel unterschiedene religiöse Organisation versteht, hat Jesus aber nicht gegründet. Seine Aufgabe war die Verkündigung des Gottesreichs *in Israel*, nicht die Gründung einer neuen Religion. Das war auch der Auftrag seiner Jünger. Nach Ostern haben viele Jünger diese Arbeit für das Gottesreich fortgesetzt und sind Jesus weiter – im wörtlichen Sinn – nachgefolgt. Man nennt sie heute die frühchristlichen ‚Wanderradikalen'. Die sog. Aussendungsreden von Mt 10 und Lk 10 sind unsere wichtigsten Quellen dafür. Die Grundüberzeugung dieser Wanderradikalen war, dass Jesus lebendig ist und unter ihnen und durch sie wirkt. Einige der allergrössten Härten der Nachfolge wurden später, nach Jesu Tod, gemildert. So erlaubte das Markusevangelium wenigstens das Tragen von Sandalen und das Mitnehmen eines Stockes, damit sich die Boten Jesu gegen die wilden Tiere wehren konnten. Das Matthäusevangelium legte das Hauptgewicht nicht auf den Besitzverzicht, sondern auf den Besitz*erwerb*, was zu seiner Zeit offenbar ein Problem war: Kranke heilen und Dämonen austreiben soll man gratis, nicht, um damit Geld zu verdienen. Spätere Texte zeigen uns, dass diese wörtlich verstandene Nachfolge nach Jesu Tod in Israel und in Syrien weiterging, bis weit ins zweite und sogar dritte Jahrhundert. Aus der Tätigkeit dieser Wandermissionare entstanden dann sesshafte Gemeinden, z.B. diejenigen des Matthäusevangeliums.

Wenn wir uns *dieses* Bild von Leben mit Jesus vergegenwärtigen, erschrecken wahrscheinlich die meisten von uns. *Wie auch immer* unsere Kirchen aussehen, wir sind *alle* weit entfernt von diesen Anfängen. Auf alles, was wir haben, zu verzichten, die „Toten ihre Toten begraben" (Lk 9,60) lassen, d.h. sogar elementare Pflichten familiärer Pietät um des Gottesreichs willen zu vernachlässigen, das können wir nicht. Ich selbst sage ganz ehrlich: Ich *möchte* es auch nicht. Ich möchte nicht so, wie die ersten Jünger, aus der Welt ganz aussteigen. Und doch hat dieses Bild immer wieder auf Menschen gewirkt, die es ganz oder teilweise übernahmen – zu denken ist etwa an die mittelalterlichen Armutsbewegungen, Franziskaner, Waldenser oder an die Beginen.

1.2 Zweites Bild: Apostelgeschichte 2,42.44f

„Sie hielten an der Lehre der Apostel fest und an der Gemeinschaft, am Brechen des Brotes und an den Gebeten. […] Und alle, die gläubig geworden waren, bildeten eine Gemeinschaft und hatten alles gemeinsam. Sie verkauften Hab und Gut und gaben davon allen, jedem so viel, wie er nötig hatte" (Apg 2,42.44f).

Mein zweites Bild sind die Schilderungen vom Leben der Urgemeinde in Jerusalem in den ersten Kapiteln der Apostelgeschichte. Dieses Bild hat in der Kirchengeschichte Millionen von Christinnen und Christen inspiriert. Vieles steht hier, was für das Leben der Kirche *aller Zeiten* wichtig ist: *die Lehre, die Gemeinschaft, das Brechen des Brotes, das Gebet, die Besitzgemeinschaft*, in den folgenden Versen das Bleiben im Tempel, also die *Gemeinschaft mit Israel*, und der *Lobpreis*. Das sind Grundpfeiler der Kirche. Über allem steht als Vorzeichen die Gabe des Pfingstgeistes, von dem zuvor in Apg 2 die Rede war. Bei diesen ersten Kapiteln der Apostelgeschichte ist es wichtig, sich an das Stichwort ‚Bild' in meinem Titel zu erinnern. Lukas entwirft hier sein *Bild* von den Anfängen. Er projiziert gleichsam seinen eigenen Kirchentraum in die Anfänge zurück. Er erzählt seinen Kirchentraum, weil er den christlichen Gemeinden seiner eigenen Zeit – und denen späterer Zeiten – ein Leitbild mit auf den Weg geben möchte. Sein Bild der Ur-Kirche ist sicher nicht ohne Anhalt an der historischen Wirklichkeit. Viele der engsten Jünger Jesu sind vermutlich nach den Erscheinungen des Auferstandenen nach Jerusalem gezogen, um dort, in der Heiligen Stadt, das Gottesreich zu erwarten. Paulus spricht von den Armen in Jerusalem – sicher nicht ohne

Grund – denn Jesusjünger wie etwa die Fischer Petrus und Andreas hatten in Jerusalem keine ökonomische Basis mehr –, sie konnten dort ihren Beruf nicht ausüben. Dass sie *alles* gemeinsam hatten, also der sog. urchristliche Kommunismus, wie wir heute sagen, ist wahrscheinlich eine Idealisierung; Geschichten wie diejenige vom Acker des Josef Barnabas (Apg 4,36f) oder die von Ananias und Saphira (Apg 5) hätte man nicht erinnert, wenn allgemeine Besitzgemeinschaft selbstverständlich gewesen wäre. Auch das gemeinsame Festhalten an der Lehre der Apostel war vielleicht eher ein Ideal – jedenfalls zeigt ein Vergleich der Apostelgeschichte mit den Paulusbriefen für die Zeit zwischen 40 und 60, dass die Auseinandersetzungen um das rechte Verständnis des Lebens in der Jesusgemeinschaft wohl viel heftiger und fundamentaler gewesen sind, als uns die Apostelgeschichte glauben macht. Aber der Vergleich mit den Paulusbriefen zeigt auch, dass das Ideal einen Anhalt an der Wirklichkeit hat: Ein intensives Ringen um Gemeinsamkeit im Bekenntnis und in der Lehre war immer ein Merkmal der Kirche. Und ohne gelebte, praktizierte Gemeinschaft auch im Materiellen gibt es keine Kirche. Das gilt nicht nur auf lokaler Ebene, sondern ebenso global, für alle Gemeinden im ganze Römischen Reich, und auch ohne Gemeinschaft auch im Materiellen gibt es keine Kirche. Das zeigen für die paulinische Zeit die paulinische Kollekte für Jerusalem, das auch von Paulus erzählende Apostelkonzil, oder die ökumenische Gültigkeit der Taufe: In antiken Mysterienreligionen wurde man an jedem Ort wieder neu eingeweiht; auf den Namen Christi dagegen wurde man nur einmal und nur an einem Ort getauft.

1.3 Drittes Bild: 1 Korinther 12,27–30

„Ihr aber seid der Leib Christi, und jeder einzelne ist ein Glied an ihm. So hat Gott in der Kirche die einen als Apostel eingesetzt, die andern als Propheten, die dritten als Lehrer; ferner verlieh er die Kraft, Wunder zu tun, sodann die Gaben, Krankheiten zu heilen, zu helfen, zu leiten, endlich die verschiedenen Arten von Zungenrede. Sind etwa alle Apostel, alle Propheten, alle Lehrer? Haben alle die Kraft, Wunder zu tun? Besitzen alle die Gabe, Krankheiten zu heilen? Reden alle in Zungen? Können all solches Reden auslegen? Strebt aber nach den höheren Gnadengaben!" (1 Kor 12,27–30).

An das paulinische Kirchenbild vom Leib Christi, in den wir hineingetauft sind, und den Gliedern, die im Leib vielfältige Gaben und Aufgaben haben, brauche ich wohl nur knapp zu erinnern. Wir kennen die grossartigen Texte vom *einen* Geist und den verschiedenen Geistesgaben, die Paulus betont *Gnaden*gaben, griechisch *Charis*mata, nennt. In dieser Verwendung ist das Wort Charisma eine paulinische Sprachschöpfung! Wir wissen auch, dass Paulus die Geistesgaben daraufhin befragt, was sie zum Nutzen der Gemeinde, oder mit einem anderen Wort, zu ihrem *Aufbau*, beitragen. ‚Aufbau', das ist ein Wort, das mit der Vorstellung zusammenhängt, dass die Kirche ein Bau oder ein Tempel ist, an dem wir mitbauen dürfen. Vor allem in pietistischer Tradition hat dieses Wort später einen subjektiven Klang bekommen und wird oft mit Auferbauung übersetzt; aber Paulus meint nichts Erbauliches, sondern den ‚Bau' der Kirche. Und wir wissen auch, dass Paulus in 1 Kor 13 den Geistbegabten in Korinth noch einen besseren Weg zeigt, ein Weg, der allen, nicht nur den *besonders* Geistbegabten offen steht, nämlich den Weg der Liebe, die für Paulus die höchste Gnadengabe ist. Wir staunen über den Reichtum der Gnadengaben, über die Spontaneität der gottesdienstlichen Versammlungen in Korinth und über die einfühlsame Schärfe, mit der Paulus mit den Korinthern umgeht. Er will ihnen zeigen, dass *alle*, nicht nur die, die sich für die besseren oder die einzigen Geistbegabten halten, Träger des heiligen Geistes sind.

Ich möchte in diesem Text 1 Kor 12 nur auf ein paar Dinge aufmerksam machen, die man leicht übersieht. 1. Nur die Apostel, Propheten und Lehrer werden personal formuliert (V 28ff). Die Episkopen (Aufseher) – das ist das Wort, aus dem später unser Wort Bischof wird – und die Diakonen, die Paulus am Anfang des Philipperbriefs erwähnt, nennt er hier noch nicht. Alle übrigen Charismen formuliert er sachlich. Es gibt also noch keinen festen Kreis von Zungenrednern, Krankenheilern, Übersetzern, Diakonen etc. 2. Auch die ‚Leitungsgaben' werden nicht personell formuliert. Wir wissen nicht, wer in Korinth die Gemeinde geleitet hat, wenn es überhaupt *einen* Gemeindeleiter gab. War es vielleicht Stephanas, der Erstbekehrte? Oder Gaius, in dessen Haus die ganze Gemeinde Platz findet? Oder gab es mehrere, vielleicht der jeweilige Hausherr, in dessen Haus die Gemeinde oder ein Teil der Gemeinde sich trifft? Sicher ist, dass es in Korinth weder einen ordinierten Pfarrer, noch einen geweihten Priester gab. 3. Die Zungenrede erwähnt Paulus zuletzt. Darin drückt sich eine Wertung aus. Obwohl Paulus selbst auch in Zungen redet, schätzt er die Zungenrede nicht besonders hoch, weil man sie ohne einen Übersetzer nicht verstehen kann. Sie baut also die Gemeinde nicht direkt auf. 4. Vor allem 1 Kor 14 zeigt, dass in den Versammlungen in Korinth grosse Spontaneität herrscht. Paulus versucht, ein Minimum von Ordnung anzuregen, damit nicht alle durcheinander reden. Von einem wohlgeordneten protestantischen Gottesdienst, in dem nichts passieren darf, was nicht vorher abgesprochen wurde, sind wir hier weit entfernt. 5. Von der Gnadengabe der Predigt ist hier nicht eigens die Rede. Zwar sagt Paulus in 1 Kor 14,26: „Wenn ihr zusammenkommt, trägt jeder etwas bei: einer einen Psalm, ein anderer eine Lehre, der dritte eine Offenbarung; einer redet in Zungen, und ein anderer deutet es". „Jeder" ist vielleicht eine rhetorische Übertreibung. Aber jedenfalls heisst es nicht: Nur ein einziger macht das alles. Sicher haben alle die in V 26 genannten Dinge etwas mit Wortverkündigung zu tun. Aber *die* Predigt als Zentrum des Gottesdienstes gibt es in Korinth nicht, und ein Predigtamt auch nicht. Übrigens wird auch die Schriftlesung nicht genannt. Ich mache dazu noch eine kleine Glosse: *Wenn wir landeskirchlichen Protestanten Paulus für unseren wichtigsten Apostel ansehen, übersehen wir notorisch sein Kirchenbild.* Wir denken nur an seine Theologie.

1.4 Viertes Bild: Matthäus 23,8.10f

„Ihr aber, sollt euch nicht Rabbi nennen lassen; denn nur einer ist euer Meister, ihr alle aber seid Brüder. [...] Auch sollt ihr euch nicht Lehrer nennen lassen; denn nur einer ist euer Lehrer, Christus. Der Grösste von euch soll euer Diener sein" (Mt 23,8.10f).

Wir stehen damit beim Kirchenbild des Matthäusevangeliums. Das Matthäusevangelium braucht das griechische Wort für Kirche nur zweimal. Statt dessen spricht er normalerweise von den Jüngern, wenn er die Kirche meint. Und das ist typisch für sein Kirchenbild. *Kirche sein heisst für ihn: ein Jünger Jesu sein.* Das Wort, das wir mit Jünger übersetzen, heisst eigentlich Schüler. Kirche sein heisst also, bei Jesus in die Schule gehen. Er ist der einzige Lehrer. Bei Jesus in die Schule gehen, heisst aber nicht nur, zu verstehen, was er gelehrt hat. Am wichtigsten ist für Matthäus *die Praxis*. „Wer diese meine Worte hört und danach handelt, ist wie ein kluger Mann, der sein Haus auf Fels baute", heisst es in Mt 7,24. Kirche sein heisst für Mt: Jesus nachfolgen – und das kann man nach Mt auch, wenn man kein Wanderradikaler ist. Das ist gegenüber Jesus neu!

Kirche sein heisst: Tun und leben, wie Jesus geboten und gelebt hat. Kirche sein heisst: *Jesusförmig werden*. Kein Jünger soll anders sein als sein Meister (Mt 10,24). Darum sagt der auferstandene Jesus am Schluss des Evangeliums zu den Jüngern: „und sie lehrt alles zu *bewahren*, was ich euch geboten habe". Jesus verkündigt den *Willen* seines Vaters; seine Verkündigung sind seine *Gebote*. Und dann fährt der Evangelist mit der grossen Verheissung weiter: „Seid gewiss: Ich bin bei euch alle Tage bis zum Ende der Welt" (28,20). Und darum kann der matthäische Jesus in der Bergpredigt auch den Jüngern sagen: „So soll euer Licht vor den Menschen leuchten, damit sie eure guten Werke sehen und euren Vater im Himmeln preisen" (Mt 5,16). Missionsverkündigung heisst für Matthäus: den Tatbeweis für ihre Wahrheit erbringen! Von einer Scheu vor so etwas wie Werkgerechtigkeit ist im Matthäusevangelium rein gar nichts zu spüren. Im Endgericht wird die Kirche nicht an ihrer Lehre gemessen, sondern an ihren Werken. Also z.B. nicht an ihrem Bekenntnisstand, sondern an ihrem Budget. „Nicht jeder, der zu mir sagt: ‚Herr! Herr!' [was ja theologisch durchaus korrekt ist!] wird in das Himmelreich kommen, sondern nur, wer den Willen meines Vaters im Himmel erfüllt" (Mt 7,21).

Es ist gut, sich zu vergegenwärtigen, was nach Matthäus alles *nicht* zur Kirche gehört, ja, sogar zu ihrem Fallstrick werden kann. Sein Jesus sagt: Lasst euch nicht Rabbi nennen und nicht Leiter. Das griechische Wort für Leiter ist etwas später im Griechischen zum üblichen Ehrentitel für eine *Lehr*person geworden und heisst heute im Neugriechischen Professor. – Es gibt in der matthäischen Gemeinde kein Oben und Unten, sondern alle sind Brüder, Geschwister. Oder noch schärfer: Weil es eben in der Gesellschaft, auch in der Kirche, durchaus ein Oben und Unten gibt, müssen in der Kirche die Hierarchien radikal auf den Kopf gestellt werden: Darum heisst es: Wer unter euch der Grösste sein will, soll der underdog – der Diener – von allen sein (vgl. V 11). In den matthäischen Gemeinden gibt es keine Bischöfe, was etwa um das Jahr 90, als das Evangelium geschrieben worden ist, schon bedeutungsvoll ist. Die Instanz, die bindet und löst und im Extremfall aus der Gemeinde ausschliesst, ist nicht der Bischof oder die Kirchenleitung, sondern die Gemeindeversammlung: Mit einem Sünder soll man zuerst unter vier Augen sprechen, dann soll man noch zwei oder drei Geschwister beiziehen, dann soll die Gemeindeversammlung das letzte und entscheidende Wort haben (Mt 18,15–17). Damit habe ich eine der beiden Stellen genannt, wo im Matthäusevangelium das Wort Kirche vorkommt.

Für mich ist das ein faszinierendes Kirchenbild, dem man anmerkt, dass es viel vom Erbe der urchristlichen Wanderradikalen und damit auch viel vom Erbe Jesu selbst bewahrt hat. Es ist eine Herausforderung für mich als Mainstream-Protestanten: Matthäus kommt es nicht auf die rechte Lehre an, sondern auf die Praxis. Matthäus kommt es nicht auf den rechten Glauben an, sondern auf den Gehorsam. Matthäus macht es unmöglich, sich aus unseren sehr unvollkommenen sichtbaren Kirchen, z.B. unseren Volkskirchen, theologisch davonzustehlen, indem man sich in eine wahre, unsichtbare Kirche flüchtet. Im Gegenteil, Kirche ist für Matthäus penetrant sichtbar: An ihrem Budget, an ihren Werken, oder – nach Kapitel 18 – an ihrer Geschwisterlichkeit und ihrer Gemeinschaft – kann man sehen, ob sie wahre Kirche ist. Das matthäische Kirchenbild ist aber auch eine Herausforderung an die katholische Kirche: Bei Matthäus gibt es kein oben und unten, keine Hierarchie, kein Dogma und kein Kirchenrecht, sondern *nur* Schwestern und Brüder. Am ehesten haben in der Kirchengeschichte gewisse Mönchsorden, z.B. die Franziskaner oder in der Reformationszeit die Täufer etwas davon begriffen.

1.5 Fünftes Bild: 1 Tim 3,1–4

„Wer das Amt eines Bischofs anstrebt, der strebt nach einer grossen Aufgabe. Deshalb soll der Bischof ein Mann ohne Tadel sein, nur einmal verheiratet, nüchtern, besonnen, von würdiger Haltung, gastfreundlich, fähig zu lehren; er sei kein Trinker und kein gewalttätiger Mensch, sondern rücksichtsvoll; er sei nicht streitsüchtig und nicht geldgierig. Er soll ein guter Familienvater sein und seine Kinder zu Gehorsam und allem Anstand erziehen" (1 Tim 3,1–4).

Wenn man von Paulus oder gar vom fast zeitgleichen Matthäusevangelium herkommt, so ist man bei der Lektüre der drei Pastoralbriefe, der Briefe an Timotheus und Titus, über vieles erstaunt. Anders als bei Paulus ist hier das Bischofsamt zentral. Man kann es anstreben, d.h. wohl, sich darum bewerben. Die wichtigste Aufgabe des Bischofs ist offenbar das Lehren; um diese Aufgabe zu erfüllen, muss er eine ganze Reihe von Qualifikationen aufweisen: Er braucht zwar kein Theologiestudium, sondern vor allem seine Charaktereigenschaften und seine Familienverhältnisse müssen stimmen. Er darf (oder vielleicht *muss* er sogar!) verheiratet sein. Eine Frau darf der Bischof nicht sein, denn, so erfahren wir an anderer Stelle, eine Frau darf nicht öffentlich lehren; ihre Aufgabe ist das Kindergebären (1Tim 2,15). Zum Bischof, so können wir aus 1 Tim 4,14 schliessen, wird man *ordiniert*. Diese Stelle ist übrigens die einzige, an der der Verfasser das paulinische Wort Charisma braucht. Charisma ist nun die Ordinationsgnade, die dem Bischof zuteil wird, indem die Ältesten ihm die Hände auflegen.

Damit stehen wir bei den anderen Ämtern, die es in diesen Briefen noch gibt, den Diakonen und den Ältesten. Auch für das Amt des Diakons kann man sich bewerben; es gelten ähnliche Anforderungen, wie beim Bischofsamt. Gelehrt haben die Diakonen wohl nicht; eher waren sie im sozialen Bereich tätig. Vermutlich gab es auch weibliche Diakoninnen (1Tim 3,11). Neben dem Bischof spielten sie die zweite Geige; sie werden immer an zweiter Stelle genannt. Um das Amt des Ältesten kann man sich offenbar nicht bewerben. Ältester ist ein Ehrentitel, der verdienten und eben – älteren – Gemeindegliedern zukommt. Aber es gibt offenbar zwei Arten Älteste, neben den normalen auch solche, die in der Verkündigung und der Lehre tätig sind. Sie sollen doppelte Anerkennung erfahren (1 Tim 5,17), was von manchen so ausgelegt wird, dass sie für ihre Tätigkeit eine Bezahlung kriegen sollen.

Auch sonst hat sich gegenüber dem, was wir aus früheren Paulusbriefen wissen, manches gewandelt. Paulus wird nicht nur als Verkünder und Apostel, sondern auch als Lehrer verstanden (2 Tim 1,11). Die Lehre spielt in diesen Briefen überhaupt eine überragende Rolle. Das Evangelium des Paulus wird mit dem griechischen Wort *paratheekee* bezeichnet. Das meint eigentlich ein anvertrautes Gut, ein Depositum. Die Kirche soll es unverändert bewahren. Paratheekee, also das Depositum, ist ein neues Wort für Tradition, ein Wort, das in den älteren Paulusbriefen noch nicht vorkommt. Sie zu bewahren, ist so wichtig, weil sich die Kirche gegen Irrlehrer wehren muss, die eine ‚fälschlich sogenannte Gnosis/Erkenntnis' (1 Tim 6,20) vertreten. Wahrscheinlich handelt es sich dabei um eine Frühform der Bewegungen, welche die Kirchenväter des zweiten Jahrhunderts mit der Etikette Gnosis bezeichneten; vereinfacht: das ‚New Age' der damaligen Zeit.

Manches hat sich gewandelt. Die Briefe an Timotheus und Titus stammen höchstwahrscheinlich aus der Zeit etwa um die Wende vom ersten zum zweiten Jahrhundert. Sie stammen also mit hoher Wahrscheinlichkeit nicht von Paulus selbst, sondern von einem Paulusschüler.

Wenn ich sage, manches habe sich gewandelt, so sage ich das auch, aber nicht in erster Linie mit Bedauern. Ich sage lieber: Manches *musste* sich wandeln. Dies aus zwei Gründen:

Der eine Grund ist eben das Auftauchen dieser New-age-artigen-Bewegung, die wir heute im Anschluss an die Kirchenväter Gnosis nennen. Es ist nicht eine einheitliche Bewegung, sondern eine Vielzahl von Gruppen, Schulen und Kultgemeinschaften, oft gebildeter Menschen. Diese (von den Kirchenvätern so genannten) Gnostiker hatten eine unglaubliche Fähigkeit, Elemente aus verschiedenen Religionen aufzunehmen, zu vermischen, zu verbinden und so das eigene religiöse Grundgefühl auszudrücken. In dieser Situation *musste* das junge Christentum seine eigene Identität bewahren. Es *konnte* sie nur so bewahren, dass es treu an der überlieferten Tradition festhielt. Es *konnte* sie nur so bewahren, dass es zu einer *Lehr*religion wurde. Wir mögen das bedauern, aber wir dürfen nicht vergessen, dass auch wir eben dank dieser Treue zur Tradition unsere eigene christliche Identität bewahren konnten. Und übrigens verdanken wir dieser Treue zur Tradition auch unsere Bibel, denn zur Treue zur Tradition gehörte das Sammeln der frühen christlichen Schriften und der Prozess ihrer Kanonisierung.

Der andere Grund ist ein allgemeiner: Jede neue religiöse Bewegung, die in die zweite oder dritte Generation kommt, muss sich institutionalisieren. Veränderungen sind dabei unerlässlich. Charismatische Gemeinden ohne institutionalisierte Leitung, wie wir sie in Korinth beobachteten, *können* gar nicht ohne Veränderungen überleben. Sie *müssen* über sich selbst reflektieren; sie *müssen* sich stabilere Strukturen geben; sie *müssen* ihr Verhältnis zu anderen neu reflektieren. Das ist der Weg, den das frühe Christentum gehen musste und der Weg, den auch die protestantischen Landeskirchen im 16. Jahrhundert gegangen sind, als sich die Reformationskirchen zu den protestantischen Landeskirchen und zur altprotestantischen Orthodoxie weiterentwickelten. Dieser Weg war in vielem anders als der, den wir zu gehen haben, aber die Aufgabe ist dieselbe.

Ich denke, darum seien die Pastoralbriefe für uns alle wahnsinnig interessant: Sie zeigen uns eine Kirche auf dem Weg zur Institutionalisierung. Sie lehren uns, über das nachzudenken, was wir gleich machten oder machen, und auch über das, was wir vielleicht anders oder sogar besser machen könnten. Sie geben uns Kirchenmodelle, nicht nur für das, was wir werden sollten, sondern auch für das, was wir de facto geworden sind. Ich denke hier vor allem an unsere protestantischen Landeskirchen.[89]

1.6 Sechstes Bild: Johannes 15,5

„Ich bin der Weinstock, ihr seid die Reben. Wer in mir bleibt und in wem ich bleibe, der bringt reiche Frucht; denn getrennt von mir könnt ihr nichts vollbringen" (Joh 15,5).

Mein letztes Bild ist das Kirchenbild des Johannesevangeliums. Gibt es das überhaupt, ein johanneisches Kirchenbild? Johannes erzählt die Geschichte Jesu mit seinen Jüngern; er spricht nie von der Kirche. Wir wissen gerade einmal, dass sich ihre Wege von denjenigen der Synagoge getrennt haben und dass sie in einer feindlichen Welt leben müssen. Aber wir wissen z.B. nicht einmal, ob sie, wie fast alle anderen Christen, überhaupt ein Herrenmahl gefeiert haben. Wir wissen nichts über ihre Kirchenverfassung, nichts über ihre Gottesdienste, nichts über ihre konkrete Situation.

Die Jesusgeschichte des Johannesevangeliums beginnt, ähnlich wie die Jesusgeschichten der Synoptiker, mit Jüngerberufungen. Sie folgen Jesus aus eigener Initiative nach. Jesus dreht sich um und fragt sie, was sie wollen. Sie sagen: „Rabbi – das heisst übersetzt: Meister –, wo ist deine Herberge? Er sprach zu ihnen: Kommt und seht!" (1,38f). Etwas später sagt Jesus zu Nathanael: „Du glaubst, weil ich dir sage, dass ich dich unter dem Feigenbaum sah? Du wirst noch Grösseres sehen" (1,50). Und dann fährt er weiter und sagt ganz rätselhaft: „Ihr werdet den Himmel geöffnet und die Engel Gottes auf- und niedersteigen sehen über dem Menschensohn". Eine rätselhafte Antwort! Und so ist es immer wieder im Johannesevangelium. Die Jünger stellen dumme Fragen. Jesus antwortet, oft wie auf einer anderen Ebene. Oft redet er an den Fragen der Jünger vorbei. Das ganze Johannesevangelium erzählt die Geschichte der

---

[89] Eine Zwischenbemerkung: Nur kurze Zeit nach den Pastoralbriefen schreibt Ignatius, Bischof von Antiochia, seine Briefe. Dort gibt es in der Gemeinde eine klare Hierarchie: Zu oberst ist ein einziger Ortsbischof, zu dem sich alle halten sollen und der allein eine gültige Eucharistiefeier leiten kann. Darunter sind die Ältesten und zuunterst die Diakone, die den Dienst Jesu Christi tun. Man hat Ignatius oft frühkatholisch genannt – sollte man ihn nicht besser ‚frühprotestantisch' nennen?

Jünger auf dem Weg mit Jesus. Sie stellen ihre Fragen, und Jesu Antworten lassen etwas vom Himmel aufblitzen. Jesu Antworten stossen sie auf das eigentliche Geheimnis des Glaubens, das man nie angemessen in Worte fassen kann. Am Schluss des Johannesevangelium stammelt Thomas: „Mein Herr und mein Gott!" (20,28). Er hat nun endlich *etwas* von dem verstanden, was Johannes am Anfang des Evangeliums sagte: „Im Anfang war das Wort, und das Wort war bei Gott, und das Wort war Gott" (1,1). Und doch steht er immer noch am Anfang des Verstehens. Denn er hat seine Hand in die Wundmale Jesu legen müssen, um etwas zu verstehen. „Selig sind, die nicht sehen und doch glauben", sagt dann Jesus (20,29)!

Ins Zentrum des johanneischen Kirchenverständnisses kommen wir in den Abschiedsreden Kap 13–17. Die Jünger sind *allein* gelassen in der Welt. Jesus ist weggegangen zum Vater, um ihnen himmlische Wohnungen zu bereiten. Er wird wieder kommen. Aber Johannes denkt hier nicht an die Wiederkunft am Ende der Geschichte. Nein, er kommt *jetzt* wieder in ihre Herzen. „Ich werde euch nicht als Waisen zurücklassen, sondern ich komme wieder zu euch. Nur noch kurze Zeit, und die Welt sieht mich nicht mehr; ihr aber seht mich, weil ich lebe und weil auch ihr leben werdet. An jenem Tag werdet ihr erkennen: Ich bin in meinem Vater, ihr seid in mir und ich bin in euch" (14,18–20). An jenem Tage wird es nicht mehr um himmlische Wohnungen gehen, sondern darum, dass der Vater und der Sohn kommen und in den Menschen wohnen werden, die Jesus lieben (14,23). Das ist mystische Frömmigkeit. Sie ist begrifflich nicht ausdrückbar. Am Ende der Abschiedsreden stehen die Jünger immer noch perplex, dumm und etwas grossmäulig da. Aber Jesus, der zum Vater Gegangene, bittet den Vater, „damit die Liebe, mit der du mich geliebt hast, in ihnen ist und damit ich in ihnen bin" (17,26).

Versteht man das, so versteht man auch, dass Johannes Kirche nur von oben definieren kann – aus der Beziehung zu Jesus und aus der Beziehung zum Vater. Das tut er in der Weinstockrede Kapitel 15: Ich bin der wahre Weinstock, ihr seid die Reben. Kirche sein heisst: am Weinstock bleiben, aus ihm alle Kraft beziehen. Kirche sein, heisst, in Jesus bleiben. Nein, eigentlich ist es umgekehrt: Kirche sein heisst, dass Jesus in uns bleibt. Und dass Jesus in uns bleibt, heisst zugleich, dass wir in der Liebe bleiben. Davon sprechen die Verse 9ff des Weinstockkapitels. Und dass wir in der Liebe bleiben heisst zugleich, dass Gott bei uns bleibt, denn Gott, so wird es der erste Johannesbrief explizit sagen, ist Liebe (1 Joh 4,8,16). Die Frucht, welche die Rebe bringt, ist die Liebe.

Das ist johanneisches Kirchenverständnis. Nur auf das Bleiben in Christus kommt es an. Und dieses Bleiben verwirklicht sich in der Liebe. Alles andere ist nebensächlich.

2 Gibt es einen gemeinsamen Nenner in den neutestamentlichen Kirchenbildern?

Wir haben einige der sehr unterschiedlichen neutestamentlichen Bilder von der Kirche kennengelernt. Aber was gehört nach den Zeugnissen des Neuen Testaments *unbedingt, wesentlich* zur Kirche? Die klassische protestantische Theologie hat nach den sog. *notae ecclesiae* gefragt, also nach den Kennzeichen, woran eine Kirche in der Welt erkennbar wird. Ihre klassische Antwort lautet: An der Verkündigung des Worts und an den Sakramenten Taufe und Herrenmahl wird Kirche erkennbar. Dieselbe Frage möchte ich nun an die Kirchenbilder des Neuen Testaments stellen.

Sie macht uns verlegen. Man kann sich durch das Neue Testament inspirieren lassen, aber man nicht einfach tel-quel ein neutestamentliches Kirchenbild übernehmen. Das Neue Testament ist zunächst eher wie eine Menükarte, die einen vor die Notwendigkeit stellt, ein *eigenes* Menu zusammenzustellen. In der Vergangenheit haben das Kirchen auch immer wieder getan. Bestimmte Kirchen haben ihre besonderen Affinitäten zu bestimmten neutestamentlichen Texten, so etwa die Täufer zum Matthäusevangelium und die protestantischen Mainstream-Kirchen zum Theologen Paulus. Aber *ihr Paulus* war ein interpretierter, dadurch gefilterter und auch amputierter Paulus, nämlich der Rechtfertigungstheologe Paulus, viel weniger der Ethiker Paulus und schon gar nicht der Kirchenmann Paulus. In ähnlicher Weise haben viele östliche Orthodoxe eine grosse Nähe zum Johannesevangelium. Mit Johannes gemeinsam betonen sie den Aufblick zum Himmel und zum Vater. *Aber* sie pressen Johannes in das Korsett einer rechten Lehre und einer hierarchischen Amtstheologie. Damit filtern und amputieren auch *sie* ihn. Darum frage ich: Gibt es eine Mitte in der Vielfalt der Bilder? Gibt es so etwas wie einen roten Faden, der in allen Bildern zu entdecken ist? Er könnte uns beim Betrachten der neutestamentlichen Kirchenbilder helfen und unseren Blick beim Entwerfen einer eigenen Kirchenvision leiten.

Ich denke: *Ja, einen solchen roten Faden gibt es*. Aber ich muss zugeben: Es ist *mein* roter Faden, den ich in *meinen* Interpretationen der neutestamentlichen Kirchenbilder finde. Aus den Interpretationen kommen wir also nie heraus. Aber das ist gut so. So müssen wir miteinander in ein Gespräch kommen. Das *will* die Bibel gerade. Sie ist ein Gesprächsbuch über die Kirche und für die Kirche. Sie ist nicht als Buch geschrieben, aus dem man Sprüche und Lehrsätze herausklauben kann, die man dann anderen an den Kopf schmeisst.

Für mich ist der rote Faden ein doppelter: Erstens der *Bezug der Kirche auf Christus und Gott und zweitens die Gemeinschaft unter den Menschen*, die durch Christus entsteht. Kirche hat in diesem Sinn eine *vertikale* und eine *horizontale* Dimension.

Ich gehe die besprochenen Kirchenbilder rasch durch: Für die Nachfolger Jesu war das *Mit-Sein und das Mit-Gehen mit Jesus* das Wichtigste. Ihn bildeten sie in ihrem Leben ab. Ebenso wichtig war ihre *Gemeinschaft*. Sie wird konzentriert sichtbar in der letzten Mahlzeit Jesu mit seinen Jüngern. Sie zeigte sich auch darin, dass sie nach seinem Tod zusammenblieben. – Im Kirchenbild der ersten Kapitel der Apostelgeschichte ist es ähnlich. Sie waren *ein* Herz und *eine* Seele und hatten alles gemeinsam – das ist ein sich durchhaltender Grundton. Und sie *blickten auf zum erhöhten Herrn*: der *Pfingstgeist*, das gemeinsame *Gebet*, das *Gotteslob*, und das *Zeugnis*, das sie ablegten, sind hier wichtig. – Im Kirchenbild des Paulus ist es ebenso: Die Kirche ist der Leib *Christi*, nicht irgend ein Organismus. In *ihn* werden die zum Glauben Gekommenen hineingetauft, durch *seinen* Geist leben sie, an *ihm* haben sie im Herrenmahl Anteil. Und in der Kirche *verwirklicht* sich zugleich der Leib Christi, in der Vielfalt der Geistesgaben, die dem Bau der Gemeinde dienen sollen, und vor allem in der Liebe. – Wiederum ähnlich ist es im Kirchenbild des *Matthäus*. Von Jesus, der mit der Gemeinde ist alle Tage bis zum Ende der Zeit, erzählt sein Evangelium. Diesen Jesus bilden die Jünger in ihrer Vollmacht, in ihrem Gehorsam und in ihrem Leiden ab. Die zweite der matthäischen Reden über die Kirche, die sog. Gemeinderede Kap 18, ist recht eigentlich eine Gemeinschaftsrede. Ihre Mitte lautet: Denn wo *zwei oder drei in meinem Namen versammelt sind, da bin ich mitten unter ihnen"* (18,20). Ein biblischer Kernsatz über die Kirche! – Auch im Kirchenbild der *Pastoralbriefe* ist der Bezug auf Christus das Zentrum: In der Kirche geht es darum, die Tradition zu bewahren, um nicht die eigene Identität zu verlieren. Die *Gemeinschaft* tritt hier allerdings zurück. Das geschieht vor allem darum, weil die Briefe sich an Amtsträger richten, personifiziert in Timotheus und Titus. Mit den Amtsträgern treten – situationsbedingt – andere Aspekte in den Vordergrund, die in andern Kirchenbildern ganz unwichtig sind. – Dafür sind der Bezug auf Christus und die Gemeinschaft der Liebe im johanneischen Kirchenbild ganz zentral: Christus, der Weinstock, an dem und durch den die Reben leben – und die geschwisterliche Liebe, das neue Gebot, die nichts anderes ist als das Bleiben im Weinstock.

Ich kann das Gesagte mit einem paulinischen Ausdruck zusammenfassen: Paulus spricht immer wieder von *koinonia*. Dieses griechische Wort muss man im Deutschen manchmal mit Gemeinschaft, manchmal mit Partizipation, Anteilhabe übersetzen. Aber immer liegen irgendwie beide Nuancen in diesem Wort. Paulus kann von der *koinonia* mit dem erhöhten Jesus Christus sprechen. An ihm haben die Gläubigen Anteil. Zugleich spricht er von der *koinonia* der Gläubigen in der Gemeinde oder von ihrer ökumenischen *koinonia*, wie sie z.B. durch die Kollekte für Jerusalem entsteht, also von ihrer Gemeinschaft. *Koinonia* hat also *eine vertikale und eine horizontale Dimension*. Verdichtet zeigt sich das im *Herrenmahl*. Die koinonia mit dem Leib und Blut Christi wird in der *koinonia* der Gemeinde, die das Herrenmahl feiert, sichtbar (1 Kor 10,16). Darum geht es nicht, dass die einen hungrig und die anderen satt und betrunken sind (1 Kor 11).

Zwei kurze *Schlussbemerkungen*: Ich habe vorher von den protestantischen *notae ecclesiae* gesprochen, Wort und Sakrament. Hier fehlt etwas, nämlich die sichtbare, erfahrene und praktizierte Gemeinschaft. Das ist ein Manko, das die meisten protestantischen Mainstream-Kirchen in ihrer Geschichte begleitet hat. – Und zweitens habe ich von manchem nicht gesprochen, was für sehr viele Christen entscheidende Kennzeichen der Kirche sind. Ich habe zum Beispiel vom Herrenmahl nicht eigens, wohl aber implizit gesprochen. Ich tat es darum nicht, weil im Herrenmahl ja nichts anderes geschieht, als dass der erhöhte Christus in einer Erfahrung der Gemeinschaft gegenwärtig wird. Und eben darin geschieht Kirche. Ich habe aber auch von den Amtsträgern nicht gesprochen. Aus der Perspektive des Neuen Testaments gehören sie nicht zu den Dingen, die eine Kirche zur Kirche machen.

3 Einige Impulse zum Gespräch der landeskirchlichen Gemeinschaften mit den Landeskirchen

Ich kleide diese Impulse in die Form von fünf Thesen, die ich kommentiere.

1. Eine Erblast des Protestantismus ist, dass er aus einer Spaltung entstand und dass aus ihm immer wieder neue Spaltungen entstanden.

Die Reformatoren haben keine Kirchenspaltung gewollt. Die Kirchenspaltung war etwas, was sie nicht wollten, sondern erfuhren. Sie war vielleicht – damals – nötig. Aber die Reformatoren haben ihrerseits schon früh selbst aktiv Spaltungen verursacht. Ich denke an die Spaltung zwischen den reformatorischen Kirchen und den Täufern oder an die Spaltung zwischen Luther und Zwingli. Aus welchen Gründen auch immer sie geschahen – sie waren schon damals nicht nötig. Kirchenspaltungen wurden im Protestantismus zu einem Verhaltensmodell, das sich immer und immer wieder wiederholte, eben zu einer Erblast.

Das Zeugnis des Neuen Testaments im Ganzen ist dazu ein Gegenzeugnis: Was auch immer neutestamentliche Christuszeugen und Gemeinden gegeneinander hatten, wie auch immer verschieden sie Christus und seine Gebote interpretierten – sie suchten immer wieder das Gespräch. *Sie konnten voneinander nicht lassen.* Ich erinnere an Paulus und die Jerusalemer, an das Apostelkonzil, an den Konflikt in Antiochien und seine Lösung, an das schwierige Verhältnis der johanneischen Gemeinden zu anderen Christen. Im Neuen Testament begegnen wir einem intensiven Ringen um Gemeinschaft und nicht einem verbindungslosen Nebeneinander verschiedener christlicher Gruppen.

2. Wenn Christus Gemeinschaft stiftet und Gemeinschaft so zum entscheidenden Wesensmerkmal der Kirche wird, dann ist ein endgültiger Bruch der Gemeinschaft nie ein Zeugnis für Christus, sondern immer ein Verrat an ihm.

Pointiert gesagt: Die Kirche kann man nur so verlassen, dass man herausgeschmissen wird. Und auch dann möchte ich nie die Hoffnung aufgeben, dass die ‚anderen' wieder Brüder oder Schwestern werden. Das heißt, man wird sich nie dem Gespräch verweigern, sondern es immer aktiv suchen. Ich bin mir allerdings bewusst, dass es auch schon im Neuen Testament, besonders in seinen späteren Schriften, Beispiele für Gesprächsverweigerungen gibt. Das finde ich nicht gut. Ich selber möchte die Hoffnung nie aufgeben, in Menschen, die von christlichen Kirchen ausgegrenzt und sogar beschimpft wurden und mit denen das Gespräch abgebrochen wurde, christliche Schwestern und Brüder zu entdecken. *Das ist für mich ein Zeugnis für Christus.*

3. Die neutestamentlichen Kirchenbilder machen deutlich, dass eine irdische Kirche nie „ohne Flecken, Falten oder andere Fehler" (Eph 5,27!) ist und dass Christus die Kirche auch mit ihren Flecken und Runzeln liebt. Darum entwickeln die Menschen im Neuen Testament Kirchenbilder und Kirchenträume, um ihre Kirchen zu bewegen und zu Christus zu rufen. Jede Kirche, die sich bewegen und rufen lässt, kann zum Ort werden, an dem Kirche geschieht.

Kirche ist also nicht etwas, was man ist, genau so wenig, wie Glaube etwas ist, was man hat. Kirche ist vielmehr ein Ort der Bewegung. In der Neuenburger Kirche wurde im letzten Jahrhundert der Ausdruck lieu d'église geprägt, der mich sehr beeindruckt hat. Keine Kirche und keine Gemeinschaft *ist* Kirche. Aber jede Kirche und jede Gemeinschaft hat die *Verheissung,* zum lieu d'église zu werden, wenn sie sich rufen und bewegen lässt. Jede Kirche kann zum Ort werden, wo Kirche geschieht. In jeder Kirche gibt es Strukturen, Traditionen und ererbte Gegebenheiten, die dies erleichtern, und solche, die dies erschweren.

4. Die Vielfalt der neutestamentlichen Kirchenbilder und die Tatsache, dass sie alle in einem, uns allen gemeinsamen Kanon stehen, macht deutlich, dass die Gemeinschaft, die Christus stiftet, nicht Uniformität ist, sondern eine Gemeinschaft von Verschiedenen, die mitsamt ihren Besonderheiten durch das Band der Liebe miteinander verbunden sind.

Das *Gespräch* zwischen verschiedenen christlichen Kirchen und Gemeinschaften ist für mich so wichtig, weil wir im Gespräch unsere Verschiedenheiten erkennen und sie verstehen lernen. Durch das Gespräch lernen wir unsere Verschiedenheiten als Partikularitäten verstehen, die nicht so sein *müssen* und nicht *notwendigerweise* zum Sein der Kirche gehören. Sie helfen vielleicht einer Kirche in ihrer Situation, Kirche zu *werden,* oder sie *haben* einmal dazu geholfen. Später sind sie zu Trennmauern geworden, die man scheinbar nicht mehr überspringen kann. Aber man sollte an diesen Mauern soweit hochklettern, dass man darüber schauen kann.

5. Im nachdenklichen Gespräch zwischen verschiedenen Gemeinschaften und Kirchen lernt man die Besonderheiten der andern als Anfrage an sich selbst verstehen. So werden sie zur Chance, sich selbst zu bewegen und Kirche Jesu Christi zu werden.

Zum Beispiel: Die in vielen Gemeinschaften groß geschriebene Bekenntnistreue könnte für eine Landeskirche zum Stachel werden, damit sie ihre eigene Offenheit nicht zur Profillosigkeit und zur Beliebigkeit verkommen lässt. Umgekehrt ist die Offenheit einer Landeskirche für Gemeinschaften eine ständige Frage, ob sie nicht den lebendigen Christus mit ihrer eigenen Interpretation von Christus verwechseln. Oder: Die Vielfalt der Geisterfahrungen in manchen Gemeinschaften könnte und sollte für viele landeskirchlich geprägte Christen zur Frage werden, warum sie selbst so viele Hemmungen haben, sich auf gemeinschaftliche Frömmigkeitsformen überhaupt einzulassen und sozusagen die ganze Frömmigkeit ins stille Kämmerlein zu verbannen. Umgekehrt könnte die ererbte Angst des protestantischen Mainstreams vor jeder Art von Schwärmerei in Gemeinschaften verwurzelten Christen helfen, deutlicher zwischen Erfahrungen des Geistes und Artikulationen ihrer eigenen Psyche zu unterscheiden. Ich denke, in solchen Gesprächen hätten Gemeinschaften, die sich als *landeskirchliche* Gemeinschaften verstehen, eine besondere Chance. Sie haben aber nur dann die Chance zu einem Salz in der Suppe zu werden, wenn sie nicht denken, sie *allein* seien das Salz.

Replik: Kathrin und Oliver Dürr

Der oben stehende Text, den Ulrich Luz im September 2014 in der Landeskirchlichen Gemeinschaft Jahu vortrug, eröffnete uns als Jahu-Gemeinschaft eine neue Betrachtungsweise, wie wir während vierzig Jahren von Gott auf unserem gemeinschaftlichen Weg geführt worden waren. Die Geschichte unserer Gemeinschaft war in unterschiedlichen Phasen von verschiedenen Schwerpunkten geprägt. Im Versuch, uns immer wieder auf Gott auszurichten, wurden verschiedene Impulse aufgenommen, die unter Umständen gegensätzlich wirken konnten. Wir haben diese scheinbar konkurrierenden Ansätze von Kirchlichkeit durch den Beitrag von Ulrich Luz als integrierbar zu verstehen gelernt, und zwar genau in der Multiperspektivität, welche die Bibel selbst bezeugt. Wir finden demnach in der Bibel selbst nicht ein eindeutig festgelegtes Bild davon, wie Kirche sein muss. Das Neue Testament konfrontiert seine Leser/-innen mit einer Vielfalt an Perspektiven und Stimmen, die nebeneinander stehen, und die parallel ihre Gültigkeit haben. Alle diese Zugänge können Inspiration und Orientierung sein, sie alle bringen einen Teil dessen zum Ausdruck, was Kirche sein könnte und sollte.

Die Tatsache, dass Kirche im Neuen Testament auf unterschiedlichste Weise dargestellt wird, aber all diese Perspektiven in *einem* Kanon stehen, macht deutlich, dass die Gemeinschaft in Jesus Christus nicht eine uniforme, sondern eine vielfältige ist, die durch das Band der Liebe zusammengehalten wird. Es sind letztlich die Beziehungen zwischen den einzelnen Menschen der *einen* Kirche, die ihre Einheit konkretisieren, nicht ihre doktrinäre Homogenität. Dies hat Christus die Jahu-Gemeinschaft durch ihre vergleichsweise junge Geschichte hindurch gelehrt, indem er sie immer wieder in persönlichen Kontakt mit Menschen aus unterschiedlichen konfessionellen und traditionellen Hintergründen geführt hat. Diese Beziehungen und andersartigen Sichtweisen waren stärker als theologische Unstimmigkeiten es hätten sein können. Und eben dies hat die Jahu-Gemeinschaft immer wieder zur Selbstreflexion herausgefordert. Wir wurden fähig, die Schätze der Weisheit und Erkenntnis zu sehen, die in unterschiedlichsten Traditionen *wirksam* sind. Wir lernten die Besonderheiten von anderen Gemeinschaften und Kirchen als Anfrage an uns zu verstehen, *die uns auf Christus hin in Bewegung versetzen*. Diesen Austausch haben wir als ungemein bereichernd empfunden und je neue Formen der kirchlichen Strukturierung, gottesdienstlicher Liturgie und persönlicher Spiritualität entdeckt, die uns inspirierten und aufforderten, selbst je neu ein Ort zu werden, an dem sich Kirche ereignen kann.

Im Bewusstsein, dass wir hier zu stark vereinfachen, möchten wir versuchen, unsere eigene Geschichte als Gemeinschaft mit den Kirchenbildern, wie Luz sie zusammengefasst hat, zu vergleichen. Durch seinen Vortrag wurde für uns greifbar und ersichtlich, dass wir zu verschiedenen Zeiten diesen unterschiedlichen Kirchenträumen und Kirchenbildern begegnet und von ihnen inspiriert worden waren. Zur Übersicht, aber mehr oder weniger akkurat, konnten wir die vergangenen vierzig Jahre der Landeskirchlichen Gemeinschaft Jahu in Phasen von zehn Jahren unterteilen. Die exegetische Arbeit, die Luz geleistet hat, soll hier nicht noch einmal dargestellt werden, ein jeweils kurzer Verweis auf ein *Kirchenbild* muss genügen. Wir empfehlen die entsprechenden Stellen im Beitrag von Ulrich Luz noch einmal nachzulesen – eine lohnende Lektüre.

Da waren die ersten zehn Jahre (1974–1984) innerhalb der Landeskirche. Viele junge Menschen haben in dieser erwecklichen Zeit in ihrem Glauben einen lebensverändernden Impuls entdeckt, der in Biel/Bienne unter Anleitung und in Zusammenarbeit mit einem väterlich weisen Landeskirchen-Pfarrer zu einem Versuch radikaler Jesusnachfolge geführt hat. Wir wurden als junge Menschen eingeführt, in eine reformierte Art Kirche zu leben und waren gleichzeitig angetan von der Bewegung der Christusträger, die als Bruderschaft ein evangelisches Mönchtum lebten. Wir haben damals begonnen, in Wohngemeinschaften zu leben und versucht, mit Projekten und praktischen Diensten – Kinder- und Jugendgottesdienste, christliche Konzerte, Teestube, christlicher Bücherladen etc. – dem Reich Gottes in einer post-christlichen Welt Raum zu verschaffen. Diese Sturm- und Drangjahre entsprachen für uns dem lukanischen Kirchenbild, wir wollten mit Jesus sein und mit ihm gehen in Gemeinschaft, aktiviert vom Glauben an den auferstandenen Herrn Jesus Christus.

In einer zweiten Phase (1984–1994) wurden wir, neben dem Gemeinschaftsleben, Teil der internationalen Bewegung von *Jugend mit einer Mission (JMEM)*. So wurde für uns Jüngerschaft und Evangelisation, Lehre und Schulung und der Heilige Geist mit seinen Charismen zentral. In der Gründung diverser Missionsgemeinschaften, die durch Einsätze und freie Gottesdienste den Menschen zu dienen suchten, wurde für uns das Kirchenbild der Apostelgeschichte prägend. Wir lebten in einer Art

Gütergemeinschaft und versuchten aus Liebe zu Christus, von ihm Zeugnis in der ganzen Welt abzulegen. Gleichzeitig kamen wir durch die weltweite Struktur von *JMEM* in Kontakt mit Vertretern der katholischen Kirche. Es wurde greifbar, was Paulus in seinem berühmten korinthischen Kirchenbild gesagt hatte, die Kirche sei der Leib Christi und dieser Leib habe viele Glieder. Wir alle hatten Anteil an ihm durch unseren Glauben an Jesus Christus. Wir alle waren Teil dieser Kirche und verwirklichten sie in der Vielfalt unserer jeweiligen Geistesgaben.

Die dritten zehn Jahre (1994–2004) stehen für die Konsolidierung und Strukturierung der Bewegung. Es wurde deutlich, dass eine Kirche, die Jesus-förmig werden möchte, nicht allein in der Sendung leben kann, sondern auch der Sammlung und Stabilisierung bedarf. Als Gemeinschaft in der Landeskirche – Kirchlein in der Kirche – lag der Schwerpunkt auf dem Gemeindebau. Mit den zunehmend wachsenden Jungfamilien kam nun auch immer mehr die nächste Generation ins Blickfeld. Die Kontakte mit *Kingdom Ministries International* in den Vereinigten Staaten wiesen darauf hin, wie charismatische Gemeinschaft als Institution gelebt werden könnte. Diese Impulse versuchten wir in unseren Kontext zu übersetzen. Die Königreich Gottes-Verkündigung Jesu wurde in dieser Zeit zum Leitmotiv der Jahu-Bewegung – *„Gottes Gnade empfangen, Gott lieben und seinem Reich dienen."* – Wir haben versucht, diese Perspektive auf dem Weg der Institutionalisierung der Gemeinschaft zu etablieren. Es kam die Frage auf, wie diese Verkündigung in der konkreten Lebenswirklichkeit der Gläubigen aussehen soll. Das hat zur Gründung des *Instituts für biblische Reformen* geführt, zu diversen Kursen und Seminaren und zur Initiierung der Schulkooperative Biel – einer christlichen Privatschule. All das um, dem matthäischen Kirchenbild entsprechend, Glauben und Leben, Lehre und Praxis in fruchtbaren Einklang zu bringen. Das Kirchenbild der Pastoralbriefe bestätigte sich; eine charismatische Bewegung kann längerfristig nur mit einer institutionalisierten Struktur überleben, beide müssen versuchen, dem gemeinsamen Erbe treu zu bleiben.

In der letzten Phase (2004–2014) lernten wir dann intensiver die östlichen kirchlichen Traditionen kennen – vor allem die koptische Kirche mit ihrem Bezug zu den Wüstenvätern. Das Gebet, insbesondere das liturgische Gebet und die Meditation wurden für uns zu Quellen der spirituellen Erneuerung und Festigung. Im Entdecken jahrhunderte alter Gebetsformen – Stundengebet, lectio divina und andere – wurden wir in neue Dimensionen der kirchlichen Ökumene hineingeführt, denn das liturgische Feiern bringt uns als Christen in Verbindung mit allen Christen, die so beten, die in Vergangenheit so gebetet haben und auch mit denjenigen, die in Zukunft so beten werden. Wir deuten dies als Ausdruck des johanneischen Kirchenbildes, der mystischen christozentrischen Frömmigkeit, die auch ein Impuls zur Festigung der Institution als Gemeinschaft für die nächste Generation gewesen ist.

Während wir in den ersten Jahren vom Heiligen Geist entflammt und von der Liebe zu Jesus motiviert, durch *JMEM* die Breite und globale Dimension des Königreiches Gottes entdeckten, wurden wir durch den Kontakt mit der katholischen und der orthodoxen Kirche herausgefordert, gleichzeitig die lange Tradition des christlich-kirchlichen Lebens ernst zu nehmen, was entscheidend für die Institutionalisierung einer eher charismatischen Bewegung war. Reich Gottes musste sich, so glaubten wir, in allen Lebensbereichen etablieren, und das bedingte Prozesse der Konsolidierung und Organisierung. Trotzdem sollte das Feuer der Leidenschaft für Christus immer noch Raum haben. Für diesen Versuch, Berufung und Gemeinschaft zu leben, war die Spiritualität des Ostens ein entscheidender Anstoss, der uns bewegte, in die Tiefe christlicher Mystik vorzudringen und aus dem Wurzelstock der christlichen Tradition und Liturgie neues Leben, Inspiration, Kraft und Ansporn zu gewinnen, die wiederum die wachsenden, in die Welt hinausreichenden Äste stärken und Frucht bringen mögen.

In den vergangenen vierzig Jahren hat Gott aus unserer Perspektive immer wieder neu gesprochen und uns klar geführt. Zur rechten Zeit hat er uns die richtigen Menschen über den Weg geführt, so dass wir immer wieder Gelegenheit hatten, nach biblischem Vorbild darum zu ringen, wie wir als Gemeinschaft in der Nachfolge Christi leben können und sollen. Dieses Erbe, das wir in der Breite und Tiefe christlicher Traditionen entdeckt haben, ist für uns zu einem unglaublichen Schatz, aber auch zu einer Herausforderung geworden. So versuchen wir als Bewegung je neu mit unterschiedlichen Gemeinschaften und Orten, an denen Kirche sich entfaltet, in Kontakt und im Gespräch zu sein und gemeinsam Formen und Möglichkeiten der Anbetung unseres Herrn und Wege der Verkündigung zu finden. Dabei wollen wir uns immer wieder von der Heiligen Schrift hinterfragen und herausfordern lassen, damit wir dem Ruf Jesu so angemessen wie möglich Folge leisten können und zu einem Ort werden, an dem Kirche wahrhaft gelebt wird.

IV Die Wirklichkeit des Fests. Bemerkungen zur Feier der Osternacht

Von Martin Brüske

Jahu hat das „Kirchenjahr" entdeckt. Das ist im reformierten Raum alles andere als eine Selbstverständlichkeit und die Entdeckung eines spirituellen Schatzes. Er entfaltet sich in der Feier des Festes. Was jedoch ist die Wirklichkeit des Festes? Aus der Sicht eines katholischen Theologen und damit aus der Sicht einer Kirche, die einerseits zu den alten Liturgie feiernden Kirchen mit langer liturgischer Tradition und einem manchmal überreichen Bestand an Texten, Festen und Riten und die andererseits zu denen gehört, für die die Wiederentdeckung und Erneuerung dieser Tradition in der liturgischen Bewegung und im II. Vatikanischen Konzil zu den zentralen Ereignissen ihrer jüngeren Geschichte gehört, möchte ich im Blick auf die wichtigste aller Festfeiern des Jahreskreises einige Aspekte einer Antwort auf diese Frage andeuten.

Es ist der Reichtum des einen Christusmysteriums, das sich in seiner liturgischen Begehung spiegelt. Wie durch ein Prisma das „weiße" Licht in die Farben des Spektrums zerlegt wird, so leuchten im Festjahr der Liturgie die Facetten des Geheimnisses Christi auf. Das Mysterium ist immer eins und ganz – und wir feiern immer dieses Ganze. Aber es leuchtet in tausend Farben.

Ein Fest zu feiern bedeutet also viel mehr, als an ein bestimmtes Ereignis zu denken, sich in diesem Sinne daran zu erinnern, es unter dem einen oder anderen Aspekt darzustellen und in Lobpreis und Anbetung darauf zu reagieren. Feste als Feier werden möglich, weil wir in ihnen mit dem Ursprung in Kontakt kommen und diese Berührung uns erlaubt, das Dasein gutzuheißen. Wer zu dem Dasein, mit dem sie oder er vom Ursprung her begabt ist, nicht Ja zu sagen vermag, kann kein Fest feiern. Man muss nur kurz überlegen, um zu sehen, dass es sich um eine innere Unmöglichkeit handelt: Das Fest ist in seinem Wesen Gutheißung des Daseins aus seinem Ursprung. Denn: Kein Fest, das nicht feiert. Etwas zu feiern bedeutet aber, es gutzuheißen.

Das heißt aber nicht, dass das Fest einfach konservativ, weil affirmativ ist. Vielmehr: Mit der Affirmation ist die Anarchie im Blick auf die Gegebenheiten des Alltäglichen gegeben, denn die Affirmation aus dem Ursprung stellt zugleich alles infrage, was diesem Ursprung nicht entspricht. Gerade der affirmative Bezug auf den eigentlichen Ursprung (arche, prinzipium) hat für die Gegenwart an-archisches Potential: Die Feier des Daseins aus dem Ursprung befreit das Reich der Möglichkeiten aus den Erstarrungen der alltäglichen Existenz. Das Fest lebt nicht nur davon, dass es vom Alltag unterschieden ist. Feste sind Diffenrenzphänomene auch indem sie den Ausnahmezustand ausrufen. Breite kulturgeschichtliche Beobachtung erhärten diesen Zusammenhang: Feste sind vielfach gefährliche und unberechenbare Momente in den Gezeiten einer Gemeinschaft. Sie beleben ebenso wie sie entfesseln, sind Quelle der Erneuerung wie „Brandbeschleuniger" zugleich. Darin bedrohen sie die durch etablierte Ordnungen geschaffenen Grenzen und drohen sie wegzuspülen. Manche inszenieren geradezu das Eintauchen der Existenz in ihren chaotischen Grund, in dem wieder – wenigstens für den Moment des Festes – alles möglich scheint: Identitäten erneuern sich, aber sie werden auch befragt. Die Festtheorien von Josef Pieper und Roger Cailloit, die sich in diesen Formulierungen spiegeln, widersprechen einander nicht. Vielmehr sind sie komplementär: Affirmation und Anarchie kommen überein in der Berührung durch den Ursprung.

Aber wie geschieht solche Berührung? Und: Wie geschehen diese urmenschlichen, anthropologisch, kulturgeschichtlich, ethnologisch, aber auch in der Alltagskultur einer schlichten Geburtstagsfeier ausweisbaren Zusammenhänge im Raum des christlichen, liturgischen Fests? Was ist die *Wirklichkeit* des christlich, liturgisch gefeierten Fests?

Ich möchte dieser Frage nicht abstrakt und allgemeinen nachgehen, sondern im Blick auf eine konkrete Feier. Diese Feier ist die bedeutendste und wichtigste des Jahres: die der Osternacht, die Augustinus die Vigil aller Vigilien genannt hat. In ihr ist in einmaliger Weise das Ganze verdichtet. Aber weder kann hier auch nur ansatzweise eine Theologie der Osternachtsfeier entfaltet werden – damit kann man leicht ein Buch füllen, so reich ist sie. Noch kann eine umfassende Theologie der christlichen Festfeier daraus abgeleitet werden. Nur einige wenige Beobachtungen können zusammengetragen werden, die hoffentlich etwas von dem sichtbar machen, wie die Wirklichkeit einer liturgischen Festfeier theologisch und anthropologisch sich vollzieht und wie sie möglich wird. Eine kleine Besonderheit liegt darin, dass ich nicht allein von den Texten ausgehe, auch nicht allein vom Vollzug als solchem, sondern dass ich beide anfangs situativ konkret einbette. Ich halte das für erhellend im Blick auf die Frage, wie sich die Wirklichkeit des Festes aufbaut.

1 Eine paradoxe Erfahrung der Zeit

Ein Samstagabend im April, gerade eben (mit Sommerzeit) ist es dunkel geworden. Der Vorplatz der Kathedrale der kleinen, aber lebendigen Bischofs- und Universitätsstadt am Rande der Romandie wird vom üblichen Samstagabendverkehr umspült, auch viele Fußgänger sind noch unterwegs. Ein Unterschied zu anderen Abenden ist nicht bemerkbar. Der kleine Vorplatz wird unmittelbar von Straßen eingefasst. Er ist dem Getriebe direkt ausgesetzt. Nebenher hört man aus einem nahe geöffneten Fenster einen lautstarken Ehekrach. Warum ist diese Nacht so anders als andere Nächte? Ja, ist sie es denn? Menschen streiten, wollen in den Ausgang und sich entspannen oder einfach nach Hause... Ist also etwas anders?

Jedenfalls fällt eines auf: Auf dem Vorplatz befindet sich an diesem gerade in die Dunkelheit übergegangenen Abend eine Feuerstelle. Die Sakristane der Kathedrale sind für einmal zu Hütern des Feuers geworden. Seltsam: Mitten in der Stadt, zu dieser Zeit, ein kleines Feuer, umgeben von wartenden Menschen. Ihre Gesichter spiegeln nicht selten gelöste Erwartung, manche müssen noch ankommen, in manchen Gesichtern sind auch die Spuren einer Last zu spüren, die sie mitgebracht haben. Aber alle haben doch schon irgendwie begonnen, sich auf das auszurichten, was vorerst durch diese merkwürdige Feuerstelle repräsentiert wird. Sonst wären sie wohl nicht hier.

Jetzt treten still der Dompropst, der dem folgenden Geschehen vorstehen wird, und seine Assistenz hinzu. Der Diakon trägt eine übergroße Kerze bei sich. Jedoch brennt sie nicht. Auch die Kerzen der Assistenz sind aus. Dompropst und Diakon sind in feierliche weiße, golden durchsetzte Seidengewänder gehüllt. Kerzen, die nicht brennen, feierliche Gewänder: Noch seltsamer wird so die Szenerie im Kontrast zu dem, was sie umgibt. Der Streit im Hintergrund hat eher noch an Lautstärke zugenommen.

Der Dompropst strahlt eine gelöste, dennoch gesammelte, ja konzentrierte Heiterkeit aus. Und er weiß diese Stimmung sofort zu übertragen. Es ist das Jahr, in dem Wochen zuvor Jorge Bergoglio Papst Franziskus geworden ist und schon mit den buchstäblich ersten zwei Worte auf der Loggia des Petersdoms etwas von der Eigenart seines Pontifikats hat aufscheinen lassen. Und so beginnt der Propst die wenigen, genau gewählten Sätze, die in die Feier einführen sollen und die damit die so wichtige Aufgabe haben, den Übertritt über die Schwelle – und alle Schwellen sind heikel! – zur eigentlichen Feier vorzubereiten und schon zu beginnen, mit einem verschmitzten "Buona sera". Ein Lächeln, sogar bei manchen ein kleines Lachen, fliegt über die Gesichter.

So wird ganz deutlich: Was hier beginnt, hat nichts Verbiestertes. Trotz des Kontrasts zu seiner Umgebung, der hier auf dem Vorplatz inmitten der Stadt so deutlich wird, hat das, was gerade seinen Anfang nimmt – es ist natürlich die Feier der Osternacht – nicht den Charakter einer Gegenveranstaltung oder einer Demonstration. Diese bedeutendste aller Liturgien des Festjahres steht in sich. Sie ist Ja und nicht Nein, weil sich in ihr das umfassende Ja Gottes zu dem gestorbenen Jesus Christus manifestiert. Als Feier jedoch ist sie öffentliches Zeugnis. Dieses Zeugnis geschieht, indem einfach die Feier vollzogen wird.

Gerade in ihrer reinen Positivität ist sie allerdings alles andere als unpolitisch. Nein, sie ist wirklich primär keine Gegendemonstration. Aber in der Öffentlichkeit ihres Zeugnisses und gerade in der reinen Positivität ihres Gehalts – dem ins endgültige Leben übergegangenen Christus und unserer Teilhabe an dieser Wirklichkeit – wird sie zum Gericht und zur Provokation für alle Mächte der Lebensfeindschaft. In ihr manifestiert sich in öffentlicher Feier der Möglichkeitsraum eines anderen Lebens. Der Kontrast der Lebenskulturen, der sich auf dem Vorplatz der Kathedrale so deutlich zeigt, ist also nicht kleinzureden. Aber nicht die Reaktion der Verneinung oder gar des resignierten Lamentos über unsere so arg entchristlichte Kultur ist primär, sondern die in sich gründende Feier einer anderen, neuen Wirklichkeit voll des endgültigen Lebens. In Christus ist das Ja verwirklicht, das Ja zu allen Verheißungen Gottes.

Nun wage ich eine These: Dieser Möglichkeitsraum eines anderen Lebens, der sich in der Feier der Osternacht manifestiert, ist verbunden mit einer paradoxen Strukturierung der Zeit, die, wo Liturgie gelingt, auch so erfahren werden kann. Mitten in der ablaufenden Zeit – und sie läuft ja weiter: Der Blick auf die Uhr zeigt es und unser Paar am offenen Fenster streitet weiter oder gibt ermattet auf oder versöhnt sich während nebenan die Feier der Osternacht abläuft... – wird Gottes ewige Lebendigkeit als Zukunft gegenwärtig, als ewige, unaufhebbare Neuheit seines Lebens, als immer neuer Anfang. Die liturgischen Texte der Osternachtsfeier artikulieren diese paradoxe Strukturierung der Zeit schon am Anfang sehr klar. Gleich das *neue* Feuer – wie es bei seiner Segnung ausdrücklich genannt wird –, an dem dann die Osterkerze entzündet wird, repräsentiert die Reinheit eines Neuanfangs, der in unserer Welt schier unmöglich ist, und nur in der Auferstehung seines Sohnes von dem gestiftet werden kann, der alles neu macht. Noch deutlicher aber wird diese andere Zeit Gottes, deren Geheimnis in Christus offenbar wurde, bei der Bereitung der Osterkerze zu ihrer Entzündung. Obwohl dieser Ritus nicht obligatorisch ist, bringt er diese Zeitstruktur auf den Punkt. Der Zelebrant ritzt mit einem Griffel ein Kreuz in die Kerze, darüber und darunter Alpha und Omega, in die Felder, die die Kreuzbalken bilden, die viergeteilte Zahl des laufenden Jahres. Dazu spricht er bei jedem Schritt jedes Mal ein weiteres Stück des folgenden Texts: Christus, gestern und heute / Anfang und Ende / Alpha / und Omega / Sein ist die Zeit / und die Ewigkeit / Sein ist die Macht und die Herrlichkeit / in alle Ewigkeit. Der österlich erhöhte und verherrlichte Christus – repräsentiert durch die Osterkerze – ist Mitte und Herr der Zeit, sein Geheimnis umfasst Anfang und Ende und bestimmt damit alles. Er macht Gottes Ewigkeit mitten in der ablaufenden Zeit dieser Welt gegenwärtig. In der liturgischen Festfeier berührt Gottes Zukunft unsere Gegenwart.

Was hier beim Ritus der Bezeichnung der Kerze gesagt wird, ist sprachlich eine Proklamation, die sich verbindet mit dem Vollzug des Einzeichnens. Sie spricht – feierlich, aber schlicht – aus, was ist: Der Auferstandene ist der Herr der Zeit und bestimmt sie. Die Proklamation ertönt und verbreitet sich im Raum. In Wahrheit ergreift sie den Raum und formt ihn. Oder genauer noch: Ein zeitlicher Vollzug, die Proklamation, formt sich ihren Raum: Zeit formt Raum. Und wenn es wahr ist, was proklamiert wird, dann ist der letzte Träger dieser Formung des Raums der Erhöhte. Denn die Proklamation und das Proklamierte hängen dann untrennbar zusammen. Die Zeit, die sich ihren Raum formt, ist Christuszeit, denn ihr letzter Bestimmungsgrund ist eben der auferstandene und erhöhte Christus, Herr der Zeit, der in jedem Augenblick in unsere Wirklichkeit drängt, um sie in seinem Leben zu erneuern.

Dieser raumgreifende Vorgang, der ja von vornherein durch den Ritus des Einzeichnens auf die Kerze bezogen ist, nimmt diese in sich hinein. Sie schafft den Bedeutungsraum um die Kerze, sie nimmt sie hinein in die proklamierte Wirklichkeit und Wahrheit und macht sie zu ihrem materiellen Träger. So wird die Kerze im Zusammenhang des Vollzugs der Feier zum wirklichen Symbol, das mehr ist als bloße Illustration oder Veranschaulichung, sondern sichtbarer Verdichtungspunkt der in ihm bezeichneten Wirklichkeit. Mit der Kerze aber werden auch wir in den

Raum hineingenommen, in dem die Zeit verwandelt ist. So entsteht durch Zeichen und Wort liturgischer Raum – mitten im samstagabendlichen Gewühl der Stadt.

Ich gestehe, dass mich diese Stelle noch in fast jeder Osternachtsfeier, beinahe unfehlbar also, in der Tiefe berührt und endgültig in die Feier hineingezogen hat. Ihre performative, Wirklichkeit verändernde Kraft scheint sich nicht zu verbrauchen. Aber die Geometrie des Raumes bleibt doch unverändert? Ja, wirklich. Ein Paradox also? Ja, ein Paradox, aber keine Absurdität. Denn Raum ist nicht gleich Raum, geht nicht auf in stetiger Erstreckung. Wohl bleibt die Geometrie des Raumes gleich, nicht aber die Geometrie des Herzens mit dem wir den Raum von innen lesen und ergreifen und allererst zu unserem Raum machen. Die Verwandlung des Raumes durch die proklamierte Zeit Christi vollendete sich also nicht nur bei den Versammelten, in Wahrheit lag hier, in der Tiefe der Herzen, auch einer (!) der Ausgangspunkte des Vorgangs. Die Verwandlung spielte in der Gemeinschaft der Versammelten zwischen Wort, Zeichen, Herz, Zeit und Raum, sub–objektiv also, nicht reduzierbar auf die eine oder andere Seite.

Jedoch: Um was für eine Wirklichkeit handelt es sich dann? Doch um nicht mehr als die psychologische Wirkung einer geschickten Inszenierung? Wo sind Gott, Christus, der Geist als die eigentlichen Protagonisten des Geschehens? Braucht es sie gar nicht? „Machen" wir die Sache selbst? Oder anders herum: Kann das denn wahrhaft wirklich sein und nicht nur eine schöne Illusion, dass unter dem rituellen Handeln von Menschen die in Christus gestiftete Zukunft Gottes unsere Gegenwart berührt, wenn doch die Uhr einfach weiterläuft? Widerlegt nicht der Zeiger der Armbanduhr den Wirklichkeitsanspruch der liturgischen Raumzeit?

2 Lichtspiele oder über Schwäche und Stärke liturgischer Zeichen

Bislang haben wir lediglich auf einen kleinen Ritus am Anfang der Osternachtsfeier geblickt, ein Ritus der nicht einmal obligatorisch ist, aber doch in besonders dichter Weise die paradoxe Zeiterfahrung der liturgischen Festfeier heraufbeschwört. Und wir haben nach dem Wirklichkeitscharakter dessen gefragt, was hier geschieht. Der Spannungsraum unserer Fragen tut sich noch mehr auf, wenn wir nun schauen, wie es weitergeht und wir von den vorbereitenden Elementen endgültig zum großen Bogen der Feier übergehen.

Die Osterkerze wird nun am neuen Feuer entzündet. Wieder ist das rituelle Handlungselement verbunden mit einer Proklamation. Diesmal ist sie von noch größerem, ja für die ganze Feier entscheidendem Gewicht. Denn sie enthält nichts anderes als die Verkündigung von Ostern: „Christus ist glorreich auferstanden vom Tod. Sein Licht vertreibe das Dunkel der Herzen." Schon hier wird also die Botschaft von Ostern ausgesprochen, die die Feier als ganze zur Osterfeier macht. Mit dem Licht der Kerze scheint über ihr das österliche Licht Christi. Wenn nun der Diakon die Kerze nimmt, sie hoch erhebt und in dreimal steigendem Ton gleich zu Beginn, in der Mitte der Kirche und am Altar „Christus, das Licht" singt und das Volk mit „Dank sei Gott" akklamiert und gleichzeitig hinter ihm her und in die Kirche einzieht, dann wird die Linie dieser österlichen Lichtproklamation fortgesetzt und zugleich werden – die voranziehende Feuersäule! – Exodusmotive aufgerufen. Dabei breitet sich das österliche Licht von der Osterkerze her aus: An ihr entzünden die Feiernden ihre eigenen Kerzen. Schließlich findet dieser erste Teil der Osternachtsfeier seinen Zielpunkt im Lobpreis der Osterkerze, dem Exultet, das natürlich viel mehr ist als bloß die Preisung der Kerze. Die proklamierte Osterbotschaft entfaltet sich hymnisch. Um die Kerze verdichtet sich in poetisch großartiger Sprache im Gesang die Motivwelt der altchristlichen Ostertheologie. Darin wird jedoch eben nicht Theologie getrieben, die losgelöst in sich steht, sondern die Bilder der Ostertheologie der Kirchenväter, die hier zum preisenden Gesang geworden sind, deuten die ganze Feier als sakramentale Teilhabe an der österlichen Wirklichkeit. Spätestens hier wird endgültig klar, dass die Osterkerze und ihr Licht für den auferstandenen Christus selbst steht, der Licht und Leben mitteilt: Der Auferstandene, der seinem Volk voran zieht auf dem Weg der Befreiung aus der Knechtschaft der Sünde und des Todes ins himmlische Jerusalem, der Urheber und Vollender des Lebens.

Wenn das so ist, dann wäre die Lichtfeier der Osternacht vollkommen missverstanden, wenn man sie als bloße illustrierende Veranschaulichung begreifen wollte. Ihr Anspruch ist viel größer: In ihrem Vollzug scheint „irgendwie" die Sache selbst durch. Die Symbolwelt dieser Feier hat epiphanen, nicht illustrativen Charakter. Aber wie kann das sein?

Natürlich, große bewegte Bilder werden hier inszeniert: Das Volk, das der leuchtenden Säule hinterherzieht, die Ausbreitung des Lichts, die

Erhellung der Kirche durch dieses Licht. Das ist viel „geschickter" als ein Osterspiel. Die Nachahmung des Geschehens durch die Bilder geschieht durch Symbolhandlungen von elementarer Wucht und Kraft. Die Wirkung auf ein leidlich offenes Gemüt ist beinahe unfehlbar. Aber kein noch so geschickt inszeniertes, symbolisches Bild kann doch die österliche Wirklichkeit selbst herbeizwingen. Unterliegt man nicht einer archaischen, vorchristlichen Logik, einem magischen Missverständnis wenn man meint, dass das rituelle Handeln der Kirche die Wirklichkeit von Ostern gleichsam heraufholen kann? Hat die Reformation nicht recht daran getan diesen – zwar psychologisch wirksamen, aber theologisch fragwürdigen – Firlefanz der Riten zugunsten der Ehrlichkeit des rein gepredigten Wortes und des schlichten Lobpreises der Gemeinde radikal zu verbannen, bis dahin, dass im durch die schweizerische Reformation geprägten Raum die Begehung des Festjahrs beinahe ganz verschwunden war? Geschieht in der Lichtfeier der Osternacht also doch nicht mehr als ein psychologisch raffiniertes, bildererzeugendes Spiel der liturgischen Zeichen? Sind die Bilder dieses Zeichenspiels, so bewundernswert schön, wuchtig und kraftvoll sie sein mögen, nicht eben doch nur die armen Gesten eines Kinderspiels gegenüber einer Wirklichkeit, derer sie doch niemals habhaft werden können?

3   „Wenn ich schwach bin, dann bin ich stark"

Ja, so ist es: Es sind die armen Gebärden eines Kinderspiels, die aus sich heraus einfach nichtig sind gegenüber der Wirklichkeit, die sie in schwachen Bildern nachzuahmen trachten. Aber Gott liebt die armen Gebärden und er blickt voller Wohlgefallen auf die Weisheit, die vor ihm spielt. Denn es ist gerade die Armut der menschlichen Gebärden, ihr Charakter als Bildzeichen eines Spiels, das hinter der bezeichneten Wirklichkeit so zurückbleibt wie der Stecken des Kindes hinter einem wirklichen Reitpferd, die den Raum öffnen, in dem Gott handelt. In ihrer Armut stellen sie sich zur Verfügung und besetzen nicht die Stelle der Wirklichkeit, an denen sie sich vollziehen. Ein selbstverliebter liturgischer Ästhetizismus zerstört die Schönheit des liturgischen Spiels, er ist Perversion und Verfall.

Noch einmal: Es ist gerade die seinsmässige Schwäche der liturgischen Zeichen, die die Möglichkeit ihrer Sakramentalität begründet. „Wenn ich schwach bin, dann bin ich stark" sagt Paulus im Paradox.

Damit deutet er mehr als seine eigene apostolische Existenz. Es ist – wie sich zeigen ließe – ein Grundaxiom der Wirklichkeitsstruktur der Kirche, die im doppelten Sinne dezentriert ist: Sie gründet in Christus und seinem Geist, ist nur als hörende sie selbst, sie empfängt sich in jedem Augenblick von außerhalb ihrer selbst und muss dies geistlich realisieren und geht im Wort, in Sakrament und Sendung, Diakonie und allem Dienst ständig über sich hinaus. Niemals kreist sie um sich selbst.

So ist es auch in der liturgischen Festfeier: Die armen Gebärden des Kinderspiels der Liturgie wollen sich nicht behaupten, sondern werden zu Instrumenten des in und durch sie handelnden Gottes. Ja, mehr noch: Sie sind es von vornherein. Denn die Befähigung zur liturgischen Feier gründet in der Taufe, in der Christinnen und Christen zu Liturgen bestellt werden. Sie werden dadurch qualifiziert, zu „Instrumenten" göttlichen Handelns zu werden. Instrumente allerdings, die darin nicht passiv und verobjektiviert werden, sondern – so wie eben das Spiel eine Quelle der Erneuerung ist – gerade in ihrer Lebendigkeit bestätigt und vollendet. So entsteht Liturgie aus einem gott–menschlichen Zusammen-Spiel, in dem Gott allwirksam, aber nicht alleinwirksam ist: Ohne Gott bliebe nur die Nichtigkeit und Schwäche, aber indem Gott das Zeichenspiel der Liturgie ergreift oder immer schon ergriffen hat, wird es zum wirksamen Zeichen, in dem der Mensch nicht untergeht, sondern gerade als Handelnder vollendet wird.

Aber nicht nur auf Grund seiner seinsmässigen Schwäche entsprechen die armen Gebärden des Spiels dem Handeln Gottes in den wirksamen, sakramentalen Zeichen der liturgischen Feier. Das Spiel hat in seiner Schwäche oder sogar *gerade* in seiner Schwäche paradoxerweise die Kraft eine *andere Welt* der Imagination zu erzeugen – vom Kinderspiel bis zum Theater. Das ist die anthropologische Grundkraft des Spiels, dass sich ein neuer Raum des Möglichen auftut, der uns involviert und in sich hineinzieht, der sich seinen Raum und seine Zeit schafft.

Die Handlungsform des Spiels ermöglicht also gerade in ihrer seinsmässigen Schwäche und in der Fähigkeit den Möglichkeitsraum einer anderen Welt zu imaginieren und die Spielenden in ihn hineinzuziehen, dass liturgische Wirklichkeit zur sakramentalen Wirklichkeit wird und so in seiner intensiven Form zum Fest, das uns mit dem Ursprung verbindet, uns aus dem Ursprung erneuert und das Dasein gutheißen lässt. So wird das Ja Gottes zu Christus zur Wirklichkeit des Osterfestes, in der dieser radikal neue Anfang uns erneuernd zu berühren vermag. Das Zeichenspiel der Lichtfeier kann epiphan werden auf seinen göttlichen Grund hin und schafft sich Raum und Zeit für die sakramentale Wirklichkeit des liturgischen Fests.

Ob diese Überlegungen aus der Sicht eines katholischen Theologen für die Jahu-Gemeinschaft zur vertiefenden Anregung für den neu entdeckten Schatz des Festjahres werden können? Ich würde mich darüber freuen und gratuliere damit herzlich zum vierzigjährigen Bestehen. Das ist bekanntlich eine biblische Zahl und ein guter Grund für ein Fest, das man feiern darf, kann und soll, weil der gute Grund unseres Daseins darin aufscheint.

Replik: Eva Glauser

Martin Brüske beginnt seinen Artikel mit einer Beschreibung des Festes als Feier, die das Dasein gutheisst und uns in Berührung mit dem Ursprung bringt. Dann geht er der Frage nach, wie sich die Wirklichkeit einer liturgischen Festfeier theologisch und anthropologisch vollzieht. Er beschreibt einen spezifischen Ritus der Osternacht, um zu illustrieren, was bei dessen Vollzug mit Raum und Zeit geschieht. Brüske beschreibt weitere Elemente einer Lichtfeier in der Osternacht und macht deutlich, dass diese Feier nicht einfach eine geschickte Inszenierung ist, die bei den Mitfeiernden eine psychologische Reaktion hervorruft. Gottes Zukunft berührt in der liturgischen Feier unsere Gegenwart. Liturgie öffnet einen Raum der Möglichkeit eines anderen Lebens; einen Raum, in dem Gott handelt. Etwas verwandelt sich in der versammelten Gemeinschaft zwischen Wort, Zeichen, Herz, Zeit und Raum. Im letzten Abschnitt vergleicht Brüske das liturgische Handeln mit einem Kinderspiel, das Gott in seiner Gnade ergreift und zur Epiphanie macht. Es geht also nicht um Illustration, sondern um eine Begegnung mit dem Auferstandenen, um ein Leben aus dem Ostermysterium heraus.

Die Landeskirchliche Gemeinschaft Jahu hatte schon immer eine ausgeprägte Festkultur. Viele engagierte und kreative Menschen setzten sich ein, damit Hochzeiten und Geburtstage zu einem unvergesslichen Erlebnis wurden. Und nun, seit einigen Jahren, entdeckt die Gemeinschaft, dass sie gerade beim Feiern des Kirchenjahres mit dem Ursprung in Kontakt kommt, in dem die verschiedenen Lebens-Ereignisse erst ihren richtigen Platz und ihren Sinn gewinnen.

Seit 2005 wird die Landeskirchliche Gemeinschaft von Atef Meshreky begleitet, einem koptischen Priestermönch aus Kairo. Er ist verwurzelt in der Tradition der Wüstenväter und hat viele Jahre als Einsiedler gelebt. Walter Dürr hat ihn durch einen gemeinsamen Freund kennen gelernt, und seither besucht Meshreky die Landeskirchliche Gemeinschaft regelmässig. Er spricht viel darüber, wie Christus in uns Gestalt gewinnen kann. Dabei spielt für ihn das Kirchenjahr eine wichtige Rolle. In Exodus 12 gibt Gott Anweisungen in Bezug auf die Passa-Feier. Israel sollte jährlich des Auszugs aus Ägypten gedenken und die gleiche befreiende Kraft erfahren, wie das beim ersten Auszug der Fall gewesen ist. Das Volk würde immer und immer wieder in falsche Abhängigkeiten geraten oder Sklave der Sünde werden. Deshalb brauche es eine jährliche Feier als Vollzug von Gottes befreiender Heilstat an seinem Volk.

Das Neue Testament erzählt die Heilstaten Jesu. Weil er ganz Mensch geworden ist, können wir seine Geburt, sein Sterben, Auferstehen und seine Himmelfahrt als historische Begebenheiten feiern. Gleichzeitig ist Jesus aber ganz Gott, und deshalb können seine Taten nicht nur als etwas Vergangenes angesehen werden, sondern als etwas, das fortdauernd wirksam ist.

Folgende Gedanken stammen sinngemäss aus einer Osterpredigt von Meshreky:

> In Bezug auf die Heilstaten, die Christus für uns vollendet hat (Inkarnation, Kreuzigung, Auferstehung, Himmelfahrt, Pfingsten) lehren uns die Kirchenväter, dass wir Jahr für Jahr in ihr Geheimnis eintreten sollen, damit alles, was Christus für uns erwirkt hat, in uns selbst wirksam ist. Jedem Heilsakt liegt eine besondere Gnade zugrunde, weil Gnade laut 1. Petr 4,10 mannigfaltig ist. Um in das Geheimnis dieser Gnaden und Heilszeiten einzutreten, müssen wir entdecken, was sie uns vermitteln: Der Ort der Inkarnation ist die Krippe, sie steht für Demut und Selbstverleugnung. Der Ort für die vorösterliche Fastenzeit ist die Wüste, dazu gehören Stille, Fasten und Gebet. Die geistliche Sphäre für die Auferstehung sind die himmlischen Orte: ‚Er hat uns mit Christus Jesus auferweckt und uns zusammen mit ihm einen Platz im Himmel gegeben' (Eph 2,6). Himmelfahrt steht in Verbindung zum Priesterdienst mit Christus im himmlischen Heiligtum. An Pfingsten geht es um den Dienst an Kirche und Welt in der Gemeinschaft mit Christus und der Gemeinschaft des Heiligen Geistes. Jede dieser Heilstaten Christi ist ein unerschöpflicher Brunnen des Heils (vgl. Jes 12,3). Es geht darum, dass sich das Leben Christi mit seinen verschiedenen Aspekten immer wieder ausgiesst in unser Leben. Praktisch bedeutet dies, dass zur Vorbereitung für die Feiern im Kirchenjahr eine entsprechende Atmosphäre geschaffen wird durch Lesungen, Gebet, Fasten und Gottesdienst.[90]

Meshreky hat in der Landeskirchlichen Gemeinschaft das Bewusstsein für die Wichtigkeit des Kirchenjahres geweckt und ins Psalmengebet eingeführt. Es ist ein Zeichen dafür, dass in der Gemeinschaft ein grundlegendes Verständnis für die Bedeutung von Symbolen, Ritualen und liturgischen Praktiken gewachsen ist, wenn Gemeinschaftsglieder vor der kleinen Kapelle, in der ein ewiges Licht brennt, die Schuhe ausziehen und nach jedem Psalm eine Prostration vollziehen. Dabei ist wichtig zu

---

[90] Unveröffentlichte Osterbotschaft aus dem Jahr 2012.

verstehen, was warum getan wird. Denn wenn geistliche Praxis nicht nach- und mitvollzogen werden kann, verliert Liturgie ihren Sinn.

Man könnte innerhalb der Landeskirchlichen Bewegung von einer Art „liturgischen Erneuerung" sprechen, die über die letzten 10 Jahre stattgefunden hat, und die auch in Zukunft noch beschäftigen wird:

Die Advents- und Fastenzeit beginnt mit einer Gebetswoche. In der kleinen Kapelle werden Gebetsstationen eingerichtet, die auf die Thematik einstimmen und zum Betrachten der Heilstaten Christi einladen. Dies dient dazu, dass sich die Gemeinschaftsglieder bewusst auf die geprägten Zeiten im Kirchenjahr einstellen können.

Vor 10 Jahren wurde an Ostern ein normaler Gottesdienst gefeiert. Heute beginnt das Triduum Paschale mit einer Abendmahlsfeier am Gründonnerstag-Abend. Am Karfreitag-Abend findet eine feierliche Kreuzwegbetrachtung statt und am Sonntagmorgen eine Art Sternmarsch, dem um 06.00 Uhr morgens in der Kirche der Ostergottesdienst (mit anschliessendem Fest-Brunch) folgt.

In den übrigen Gottesdiensten haben jeweils eine Schriftlesung passend zum Kirchenjahr sowie ein Moment vorgetragener Fürbitten ihren festen Platz gefunden. Ebenso hat die Gemeinschaft monatlich eine zweite Abendmahlfeier eingeführt und eine Art Abendmahlsliturgie entwickelt.

Die Armut und die simplen Gesten des liturgischen Spiels könnten noch stärker entdeckt werden. In der Landeskirchlichen Gemeinschaft sind der künstlerische Ausdruck und das grosse kreative Potential vieler Gemeinschaftsglieder das, was Festgottesdienste stark prägt, was berührt und in die Feier hineinzieht. Es wäre lohnenswert, der Frage nachzugehen, welche Rolle Kunst im Gottesdienst spielt bzw. spielen könnte. Kann Kunst zur Epiphanie werden – und wenn ja, wie?

Was Brüske mit der Erklärung der symbolischen Handlung am Anfang der Osternacht macht, ist eine Arbeit, die jede Kirchgemeinde für ihre Gottesdienst-Elemente ebenfalls leisten müsste. Wenn verstanden wird, was während einer Feier geschieht, wenn zum Beispiel erklärt werden kann, weshalb ein Gottesdienst im Namen des Vaters, des Sohnes und des Heiligen Geistes beginnt, weshalb für die Lesung aufgestanden wird, oder was der Friedensgruss vor dem Abendmahl bedeutet, dann können diese Akte bewusster mitvollzogen werden, dann wird Herzensraum vorbereitet und die Gottesdienst-Gemeinschaft ist liturgiefähiger geworden.

Das aber bedingt, dass der Liturg oder Vorsteher der Feier mit Herz und Verstand erfassen muss, was in der Feier geschieht. Dann wird es wichtig sein, der feiernden Gemeinschaft durch Momente der Liturgiekatechese nahe zu bringen, was sich im Gottesdienst oder bei der Feier der Sakramente vollzieht. Verständnis bringt Freude, und Freude ist eine wesentliche Dimension des Festes, das immer auch auf das grosse Fest in Gottes kommenden Reich verweist.

Die Landeskirchliche Gemeinschaft Jahu hat erst begonnen, Liturgie zu entdecken. Ganz sicher aber ist sich die Gemeinschaft bewusst, dass sie auf Gottes Gnade angewiesen ist, damit die Art und Weise, wie sie Gottesdienst feiert, ob mit alten oder neuen Formen, mit gleichbleibenden oder sich stetig verändernden, zu einem echten Gottesdienst wird, in der Gottes Zukunft unsere Gegenwart erfüllt.

V Spiritualität und akademisches Studium in der alten Kirche

Von Gregor Emmenegger

Lernen und Leben in Christus: Impulse aus der frühen Kirche

Ein christlicher Philosoph besuchte einst den berühmten Einsiedler Antonius in der Wüste.[91] Nachdem er die Klause besichtigt hatte, fragte er: „Wie kannst Du nur ohne Bücher glücklich sein?" Antonius entgegnete: „Mein Buch ist die Schöpfung, immer wenn ich etwas von Gott lesen möchte, habe ich sie vor Augen!"[92]

Antonius konnte kaum lesen und nicht schreiben – und er war auch noch stolz darauf.[93]

Diese bildungsfeindliche Haltung, die hier anklingt, machte schon Celsus Ende des zweiten Jahrhunderts den Christen zum Vorwurf: Weisheit gelte ihnen als Torheit, und ihr Himmelreich sei nur für Ungebildete und Unwissende offen.[94] Zahlreiche Beispiele scheinen das zu belegen. Origenes verkauft seine Bibliothek, die Professoren Augustinus, Basilius von Cäsarea, Gregor von Nazianz verzichten auf ihre Posten. Hieronymus, der gerne lateinische Klassiker wie Cicero las, hat sogar

---

[91] Zur christlichen Bildung in der Antike vgl. Henri–Irénée Marrou, Histoire de l'éducation dans l'antiquité (L'univers historique), Paris 1971; Eugen Paul, Geschichte der christlichen Erziehung, Bd. 1, Antike und Mittelalter, Freiburg im Breisgau 1993, und Michel Clévenot, Die Christen und die Staatsmacht: Geschichte des Christentums im II. und III. Jahrhundert, Freiburg 1988, 163–169.

[92] Vgl. Apophthegmata Patrum, Nr. 963 (Miller): Weisung der Väter. Apophthegmata patrum, auch Gerontikon oder Alphabeticum genannt/eingel. u. übers. v. Bonifaz Miller, Freiburg i. Br. 1965 (Sophia Bd. 6), 316.

[93] Antonius hatte keine Schulbildung genossen (vgl. Athanasius, Vita Antonii, Kap 72f.) und sprach nur die Volkssprache Koptisch, so dass er mit griechisch sprechenden Besuchern über einen Dolmetscher verkehren musste (so in Vita Antonii, Kap 72.74.77). Auf Koptisch konnte er jedoch die Bibel lesen (vgl. Vita Antonii Kap 75) und besaß eine vielbewunderte Bibelkenntnis.

[94] Celsus, Wahres Wort, zitiert in Origenes, Contra Celsum 1,9. Contra Celsum = Gegen Celsus/eingel. u. komm. v. Michael Fiedrowicz; übers. v. Claudia Barthold. Freiburg im Breisgau 2011 (FC 50), xxx.

eine warnende Vision: Vor einem himmlischen Tribunal wird ihm vorgeworfen, kein Christ, sondern ein Ciceronianer zu sein.[95]

Logischerweise müsste sich daraus ergeben, die Christen auch die römischen Schulen ablehnen würden. Und tatsächlich zeigen sie eine gewisse Zurückweisung bei Geschichten von hinterhältigen Göttern und ihren lasterhaften Abenteuern, von denen die Bücher der Heiden überquellen. Manche Christen wie Hippolyt[96] und Tertullian[97] verlangen, dass Lehrer, die getauft werden wollen, zuvor ihren Beruf aufgeben müssten. Aber niemand denkt auch nur im entferntesten daran, Konfessionsschulen zu gründen, oder ist dafür, dass die Kinder aus christlichen Familien nicht mit den anderen in den gleichen Unterricht gehen sollten.

Natürlich liegt ein erster Grund darin, dass es wichtig ist, lesen zu können, wenn man sich mit den heiligen Schriften befassen will. Aber genau diese Notwendigkeit hat die Juden dazu gebracht, ihre eigenen Schulen einzurichten, wo sie seit der Zerstörung des Tempels im Jahre 70 lernen, die Tora in Hebräisch zu lesen.

Denn mit der Mär von der Bildungsfeindlichkeit der Christen ist es nicht weit her.

Wenn sich unser philosophischer Besucher bei Antonius ein Leben ohne Bücher nicht wirklich vorstellen kann, ist er in jener Zeit nicht alleine. Auch Augustinus war schockiert, dass Antonius und seine analphabetischen Bauern das Himmelreich an sich rissen und nicht Intellektuelle wie er selbst.[98] Und schon die ersten Klostergründer – Pachomius, später Cassian und Benedikt – schreiben vor, dass alle Brüder lesen und

---

[95] Vgl. Hieronymus, Brief 22 an Eustochium, Kap 30: Hieronymus 1/übers. v. L. Schade. Kempten 1914 (BKV 15), 100–101.

[96] Hippolyt, Traditio Apostolica 16. Apostolische Überlieferung/übers. u. eingel. v. Georg Schöllgen u. Wilhelm Geerlings. Freiburg i.Br. 1991 (FC 11), 246–247.

[97] Tertullian, Über den Götzendienst, Kap 10. Tertullian, private und katechetische Schriften/Aus dem Lateinischen übers. v. K. A. Heinrich Kellner, München 1912 (BKV 7), 151.

[98] Augustinus, Confessiones Buch 8, Kap 6–8. Des heiligen Kirchenvaters Aurelius Augustinus Bekenntnisse. Aus dem Lateinischen übers. v. Dr. Alfred Hofmann. (Bibliothek der Kirchenväter, 1. Reihe, Band 18; Augustinus Band VII) München 1914.

schreiben lernen sollen, und legen Klosterbibliotheken an.[99] Bei den christlichen Autoren erstaunt nicht so sehr die Zahl jener, die ihr Amt quittierten oder Bücher weggaben, sondern vielmehr, wie viele von ihnen an renommierten Hochschulen jahrelang studiert hatten und umfassend gebildet waren. Und selbst Hieronymus hat nach seiner Vision zwar seine Bibelstudien intensiviert, aber nicht auf seine gut bestückte Bibliothek verzichtet, die er überallhin mitnahm.

Wenn die Christen also, aufs Ganze gesehen, so gut mit der ‚klassischen Kultur' zurechtkommen, so hat dies im Wesentlichen einen Grund:

Das Christentum ist in einer Welt groß geworden, die vom hellenistischen Humanismus geprägt war. Im Zentrum der Bildung stand der Mensch, als unbedingter Reichtum an sich, jenseits aller näheren Bestimmung. Der Mensch ist das Maß aller Dinge, sagt Protagoras.[100] Die Christen erkannten darin ein zentrales eigenes Anliegen wieder: Vor Gott steht ebenfalls immer nur der einzelne Mensch, Gott sucht immer eine personale Beziehung zu einem Individuum.

Mit anderen Worten: Um Christ sein zu können, muss man zuerst Mensch sein. Das heisst, man muss zunächst auf der allgemein menschlichen Ebene eine gewisse Reife erlangt haben. Diese Reife ermöglicht den Akt des Glaubens und moralische Handlungen. Christ wird man nicht durch Geburt, sondern durch die Taufe. Und eine Taufe wurde in den ersten Jahrhunderten nur dann gewährt, wenn Denken und Handeln reif und auf Christus ausgerichtet waren. Die Kleinkindertaufe fordert erst später Augustinus, um die unverdiente Gnade Gottes zu unterstreichen.[101] Dennoch: katechetische Schulen, Minimalanforderungen für Klerus und Laien, Klosterschulen oder Lehrbücher – bis hin zu unseren

---

[99] Pachomius, Regel 139. Bacht, Heinrich, Pachomius: der Mann und sein Werk (Das Vermächtnis des Ursprungs: Studien zum frühen Mönchtum Studien zur Theologie des geistlichen Lebens 2, 8), Würzburg 1983, 28. Benedikt, Regel 48. Holzherr, Georg, Die Benediktsregel: eine Anleitung zu christlichem Leben: der vollständige Text der Regel / übers. u. erkl. v. Georg Holzherr, Freiburg 2005, 298.

[100] Zitiert in Platon, Theaitetos 152a. Hermann Diels, Walther Kranz (Hrsg.), Fragmente der Vorsokratiker, Hildesheim 2004–2005, 80B1.

[101] Vgl. Augustinus, De peccatorum meritis et remissione et de baptismo paruulorum ad Marcellinum, CSEL 60, 1–152.

Institutionen – und die Liste mit historischen oder soziologischen Beobachtungen ließe sich noch lange erweitern: Christentum setzt eine gewisse Mündigkeit, eine gewisse Bildung voraus.

Und wenn schon die klassische Erziehung eine bewundernswürdige Technik zur Heranbildung eines gebildeten, mündigen Menschen darstellte, warum sollte man dann überflüssigerweise anderswo weitersuchen oder ein anderes Erziehungssystem entwerfen?

Dennoch war den Christen nicht verborgen geblieben, dass das Evangelium und griechisch-römische Paideia keineswegs deckungsgleich waren, im Gegenteil: Der hellenistische Humanismus implizierte ein Elitedenken, einen abgehobenen Idealismus, einen Ethnozentrismus, einen Chauvinismus. Das sind viele -ismen, doch lässt sich der Graben an einer simplen Beobachtung skizzieren:

Vergil ist der Autor, der von den Schulkindern der lateinischen Schulen am meisten studiert wurde. Doch in den Abertausenden von Versen, die sie auswendig können mussten, kommt nicht ein einziges Mal das Wort Brot vor. Um dieses alltägliche Nahrungsmittel zu bezeichnen, was ja allzu flach, konkret und materiell ist, spricht unser Dichter von Ceres oder den Früchten der Ceres... Welcher Abgrund gähnt zwischen dieser Rhetorik wohlsituierter Männer und der Sklavensprache christlicher Texte: Das Wort ‚Brot' kommt 98 mal im Neuen Testament vor.[102]

Wenn also das Christentum Bildung für sich beansprucht, dann geht es dabei nicht um die Übernahme der Kultur der Herrschenden. Es geht darum, immer und entschieden die Partei Christi zu ergreifen, auch für die Hungernden, die Armen, die Ungebildeten, die Verfolgten – und auch für jene, die Christus noch nicht kennen.

Richtschnur ist dabei die Bibel. Sie gibt vor, wie und auf welche Weise antike Bildung rezipiert werden soll. Die folgenden Texte haben es den Vätern besonders angetan, sie tauchen in diesem Zusammenhang immer wieder auf:

Gen 1,31: „*[E]s war sehr gut*"
Alle von Gott geschaffenen Dinge sind gut. Antonius hat es schon angedeutet: Eine betend betrachtete Schöpfung verweist auf ihren Schöpfer

---

[102] Vgl. Marrou, Henti-Irénée, Histoire de l'éducation dans l'antiquité (L'univers historique), Paris 1971, 456–459.

– und Basilius empfiehlt jungen Leuten explizit das Studium der Natur, damit sie staunen lernen über die Grösse Gottes.[103] Aber was ist gut an Giftpflanzen wie dem Schierling? Da Gott auch sie vor dem Sündenfall geschaffen hat, müssen sie gut ein. Gut heisst nicht immer, dass man etwas essen kann, doch richtig angewendet ist Schierling ein Heilkraut. Gott hat folglich den Menschen nicht nur Pflanzen, Steine und Worte geschenkt, sondern auch das Wissen, wie sie anzuwenden seien: Medizin, Architektur, Philosophie. Auch für dieses Wissen gilt: Siehe, sie sind sehr gut.

1Thess 5,21: *„Prüft alles und behaltet das Gute!"*
Um den Studierenden diesen Vers zu verdeutlichen, verwendet Basilius ein Bild: Wie die Bienen sollen sie mit der Bildung umgehen. Bienen fliegen über alle Wiesen, steuern aber nicht alle Blumen an, sie wollen sie auch nicht pflücken und für sich behalten, nein, sie nehmen nur von ausgewählten Blüten das Beste mit und machen daraus ihren Honig.[104]

Prüft aber alles. Das Gute behaltet: Drei Punkte sind Basilius an diesem Vers wichtig:

Erstens: Alles. Die Schöpfung ist primär gut, und das Wissen auch. Das Verderben ist sekundär. Die christliche Nutzung der Bildung ist deshalb umfassend: Bildung soll in ihrer ganzen Breite rezipiert werden, so wie die Bienen, die alle Wiesen abfliegen und keine Blume unbeachtet lassen.

Zweitens: Prüft. Es muss sorgfältig geprüft und unterschieden werden. Auf der Wiese der Wissenschaften wachsen allerlei Kräuter, manche sind bei falschem Gebrauch giftig, andere verdorben – und ihre Unterscheidung ist nicht immer einfach. Umso wichtiger ist es, sich dafür Zeit zu nehmen und zu überlegen: Was kann ich wie gottgefällig anwenden?

Drittens: Das Gute haltet fest. Neben den giftigen und verdorbenen Pflanzen gibt es viele belanglose Blüten. Doch die Bienen lassen aus, was nebenbei auch noch interessant wäre und fliegen gezielt die nur besten,

---

[103] Vgl. Basilius, De legenis gentilium libris, 2. Basilius 2/Anton Stegmann, Kempten 1925 (BKV 47), 448–450.

[104] Vgl. Basilius, De legenis gentilium libris, 3. Basilius 2/Anton Stegmann, Kempten 1925 (BKV 47), 450–452. Zur Lehre des rechten Gebrauchs vgl. Christian Gnilka, Der Begriff des "rechten" Gebrauchs (ΧΡΗΣΙΣ: die Methode der Kirchenväter im Umgang mit der antiken Kultur 1), Basel 1984.

schönsten Blüten an, um guten Honig zu machen. Es ist eine grosse Gefahr für junge Leute, sich zu verzetteln: Nur wer immer im Auge behält, wohin Bildung führen soll, macht von ihr richtigen Gebrauch.

1Petr. 3,15: *„Seid stets bereit, jedem Rede und Antwort zu stehen, der nach der Hoffnung fragt, die euch erfüllt"*
Eine der ersten Literaturform, mit der das Christentum an die Öffentlichkeit getreten ist, ist die Apologetik. Schon Paulus hatte auf dem Areopag auf den kulturellen Hintergrund der Athener angespielt, um die neue Lehre vorzustellen.[105] Ein guter Verteidiger muss nicht nur den Angeklagten kennen, sondern auch den Ankläger und den Richter. Er muss wissen, wie die beiden denken, welche Argumente sie überzeugen und was ihnen wichtig ist. Wer sich nicht um Bildung schert, wird nicht ernstgenommen und macht sich schuldig, weil er keine Rechenschaft geben kann.

Zudem: Falsche Vorstellungen der Schöpfung führen oft zu falschen Vorstellungen des Schöpfers. Nur wer Wahrheit sucht, wird Wahrheit finden und andere zu ihr führen können.

Deshalb schliesst Thomas von Aquin knapp: Bewusst ungebildet zu bleiben, ist Sünde.[106]

1 Kor 13,13: *„Für jetzt bleiben Glaube, Hoffnung, Liebe"*
Nach Augustinus ist christliche Bildung Weisheit, die alle Dinge auf das letzte Ziel ausrichtet: auf Gott und die Liebe. Das geschieht besonders in der Schriftauslegung, die wiederum weltliche Wissenschaft zu Hilfe nimmt.

Theologie ist für Augustinus nichts anderes als ein Studium der Schrift und ihrer Vermittlung in Tradition und Lehre der Kirche.[107] Und weil sie Schriftstudium ist, ist die profane Wissenschaft notwendig, ihr Studium als Propädeutik theologischer Wissenschaft unabdingbar.

Deshalb ist christliche Bildung eine höhere Bildung, die auf profaner Bildung aufbaut und voraussetzt: Grammatik, Sprachen, Geschichte, Biologie, Physik, Astronomie.

---

[105] Vgl. Apg 17,19–34.
[106] Vgl. Thomas von Aquin, Summa Theologica I–II, 74, 5.
[107] Vgl. Augustinus, De doctrina christiana.

Theologie ist zudem Bildung für alle Christen – jeder nach seinem Vermögen. Sie kann keine sozialen, geschlechtlichen Schranken kennen, weil alle Menschen vor Gott gleich sind. Auch der Gedanke, dass es einen Unterschied gäbe zwischen einer religiösen Bildung für Geistliche und für Laien, ist den Kirchenvätern fremd. Die theologische Ausbildung geschieht deshalb an den katechetischen Schulen, die sich vor allem an Taufbewerber richten. Und die theologischen Werke sollen von allen gelesen werden dürfen.

1Thess 5,17: *„Betet ohne Unterlass!"*
Als Augustinus den Auftrag erhält, ein Buch über die christliche Lehre zu scheiben, schreibt er ein Buch – de doctrina christiana – mit nur einem Thema: dem Bibellesen.

Die christliche Lehre ist die Bibel, und das ist für ihn so selbstverständlich, dass er es nicht einmal rechtfertigt. Ein Theologe ist folglich zuallererst ein Bibelleser. Im Verlaufe der Darstellung des Augustinus wird aus dem Bibelleser ein Prediger und schließlich ein Beter.

Ziel der Bildung ist Bibel lesen lernen, und die Bibel führt wiederum zum Predigen und zum Beten. Während Augustinus noch breit auf das Predigen eingeht, sind seine Ausführungen zum Beten ziemlich knapp. Beten kann man nur noch zum Teil lernen. Man kann lernen, sich zu sammeln, lernen, es regelmäßig zu tun, lernen, sein Herz zu reinigen, damit der Geist beim Gebet bleibt. Evagrius nennt das den praktischen Teil, weil man etwas tun soll, oder den asketischen Teil, von askeo trainieren, weil man ihn trainieren muss.[108]

Aber Gebet ist Dialog mit Gott, und wie weit er sich dabei offenbart, ist Gnade. Evagrius spricht deshalb vom zweiten, wichtigeren theoretischen Teil, von Theoreia, Schauen oder vom mystischen Teil, weil man da noch besser die Augen dabei schliesst. Denn gerade im theoretischen Teil hilft Lerneifer nicht weiter. Hier gibt die Bildung die Führerschaft auf dem Weg zu Gott ab, an ihre Stelle treten Demut und Beständigkeit.

---

[108] Evagrius Pontikus, Praktikos Kap 1. Evagrios Pontikos Praktikos oder der Mönch. Hundert Kapitel über das geistliche Leben/übers. v. Gabriel Bunge (Schriftenreihe des Zentrums patristischer Spiritualität "Koinonia – Oriens" im Erzbistum Köln 32), Köln 1989, 68.

Es bleibt zum Schluss zu fragen, wie viel davon wir für uns heute übernehmen können.

Der hellenistische Humanismus ist längst vergangen, und auch sein später Nachfahre, der säkulare Humanismus, der die Bildung im 19. und 20. Jahrhundert geprägt hatte, hat abgedankt. Die Postmoderne mit ihren wandelbaren, pluralistischen Ideologien macht es schwer, sichere Anknüpfungspunkte für das Evangelium zu finden.

Umso interessanter erscheint mir für heute das Instrumentarium zu sein, das in der frühen Kirche zur Rezeption von Bildung entwickelt worden ist: Ohne Scheu alles prüfen, behalten, was sich gut und richtig anwenden lässt, und darüber hinaus nicht vergessen, dass Bildung ein wichtiges Mittel ist zur Apologetik, zur Pastoral, vor allem aber zum Verständnis der Bibel. Bildung ist aber nicht der Zweck.

Was aber ist der Zweck? Klemens bringt – bereits um das Jahr 90 – mit einem Satz aus seinem ersten Brief an die Korinther auf den Punkt, wozu Bildung dienen soll. Man könnte es wohl als frühkirchlichen Leitspruch zum Thema theologische Bildung bezeichnen.

„Unsere Kinder sollen der Erziehung in Christus teilhaftig werden; sie sollen lernen, was demütiger Sinn bei Gott vermag, sie sollen lernen, wie mächtig reine Liebe bei Gott ist, lernen, wie Gottesfurcht gut und groß ist und wie sie alle rettet, die in ihr ein heiliges Leben führen in reiner Gesinnung" (1 Klem 21,8).

Replik: Katharina Jaisli und Corinne Kurz

Bereits in der patristischen Zeit entstand eine erstaunliche Menge an Schriften, die sich aus christlicher Sicht mit dem Thema Bildung auseinandersetzten. Einzelne Kirchenväter, zum Beispiel Antonius, hielten zwar nicht viel von Büchern und wie Gregor Emmenegger beschreibt, war dieser in seiner bildungsfeindlichen Haltung auch nicht alleine unter den Kirchenvätern. Die grosse Mehrheit verstand Bildung jedoch als ein wichtiges Werkzeug zur Entwicklung des Glaubens. Die Anfänge des Christentums waren geprägt vom Humanismus der hellenistischen Welt, einem Gedankengut, bei dem der einzelne Mensch im Mittelpunkt steht. Wie Emmenegger skizziert, ist der Humanismus dem Christentum in einigen Punkten nicht fern, denn vor Gott steht man schlussendlich auch als einzelner Mensch, der mündig sein soll. So war es, trotz der genannten Ausnahmen, bereits in der patristischen Zeit Konsens, dass es zum Christsein dazugehört, sich zu bilden und zur Reife hinzuwachsen. Im Unterschied zum humanistischen Denken ging es aber nicht einfach darum, sich immer umfassender zu bilden, sondern zu lernen, was es bedeutet, Christ zu sein, nicht zuletzt damit man entsprechend handeln kann. So beschreibt Emmenegger ein Christentum, das von Anfang an eine Bildungsbewegung gewesen ist. Bereits Augustinus habe treffend formuliert, dass christliche Bildung Weisheit sei, die alle Dinge auf das letzte Ziel ausrichte: auf Gott und die Liebe. Dies geschehe besonders in der Schriftauslegung, die wiederum die Werkzeuge der weltlichen Wissenschaft zur Hilfe nehme. Emmenegger erklärt, dass falsche Vorstellungen der Schöpfung oft zu falschen Vorstellungen des Schöpfers führen können. Dieser Aussage kann man wohl anfügen, dass falsche Vorstellungen über die Schrift und deren Entstehung, Form und Autorität zu falschen Auslegung bezüglich ihres Inhalt führen können. Deswegen bemüht sich das Christentum immer wieder um die nötige Bildung zur Schriftauslegung, wobei alles (Prämissen, Methoden und Resultate) geprüft und das Gute behalten werden soll. Ein begründeter Glaube wird dadurch dialogfähig und nicht zuletzt auch erklärbar für andere.

Die Jahu-Gemeinschaft ist darum bemüht, sehr bewusst in der Tradition des Christentums als Bildungsbewegung voranzugehen und sowohl um das Schriftverständnis als auch um Inhalte des Glaubens zu ringen. Zu verstehen, was man glaubt, und zu lernen, dass die eigenen Überzeugungen in sich kohärent und in einer alten, breiten Tradition verwurzelt sind (oder auch nicht!), bereitet viel Freude und Entspannung und spornt an, weiter im Glauben voran zu gehen. Aus diesem Grund ist die Geschichte der Jahu–Bewegung kontinuierlich von Schulungen geprägt, die sowohl das Verständnis des persönlichen Glaubens als auch das der Welt, in der wir leben, thematisieren, wie sie auch den Dialog mit der Gesellschaft im Blick behalten.

Natürlich hat sich durch neuere Forschung vieles in der Art, wie wissenschaftliche, universitäre Theologie betrieben wird, verändert. Neue Erkenntnisse, die durch neue Methoden hervorgebracht worden sind, verlangen nach einem Platz in unserem Denksystem. Lernen heisst neben dem Erwerben von neuen Erkenntnissen auch, dass bisherige Vorstellungen revidiert und neue Horizonte erschlossen werden müssen. Die Jahu–Gemeinschaft ist daher beispielsweise darum bemüht, sich den Herausforderungen und Chancen der historisch–kritischen Forschung zu stellen, und zwar im Bewusstsein, dass das jeweilige Mass an neuem Gedankengut eine entsprechende Verarbeitungszeit benötigt. Denn: Bei mangelnder Verarbeitung besteht die Gefahr, Glaubensinhalte nur noch theoretisch zu betrachten und den Bibeltext lediglich als historischen Text zu lesen, um neue Erkenntnisse *über* bestimmte Sachverhalte zu gewinnen. Schnell wird dann nur noch über Gott geredet anstatt mit ihm. Wie Emmenegger beschreibt, besteht auf diese Weise die Gefahr, dass man sich verzettelt. Nur wer im Auge behält, wohin seine Bildung führen soll, macht von ihr den richtigen Gebrauch. Die Jahu–Gemeinschaft ist überzeugt: Spiritualität und Theologie gehören zusammen. Karl Rahner plädiert für

> „ein Christentum der leisen Töne, eine unbefangene Spiritualität, die Fähigkeit, ohne Kirchenjargon und theologische Fachsprache – sich selbst und anderen – Auskunft über den eigenen Glauben zu geben. ‚Zweite Naivität' meint das Glück, dass der Zwang zur Dauerreflexion – das Schicksal des Modernen Menschen – aufgehoben wird zugunsten eines Momentes religiöser Durchsichtigkeit".[109]

An anderer Stelle spricht Rahner davon, dass der Fromme der Zukunft ein Mystiker sein würde, d.h. jemand, der etwas erfahren hat. Ignatius von Loyola drückt Ähnliches aus, wenn er sagt: *„Nicht das Vielwissen sättigt die Seele und gibt ihr Genüge, sondern das Verkosten und Verspü-*

---

[109] Graf, Friedrich W. (Hg.), Klassiker der Theologie (Bd. 2: Von Richard Simon bis Karl Rahner), München 2005, 152.

ren von innen her."[110] In der christlichen Spiritualität geht es darum, sich in Gottes Wort zu vertiefen, in seiner Nähe zu verweilen, die Aufmerksamkeit für seine Gegenwart einzuüben, sich im Hören seiner Stimme zu trainieren und in der Liebe zu Ihm zu wachsen. Wo diese Liebe wächst, hat sie Auswirkung auf ihr Umfeld. Eben dieses Anliegen, in unserer Zeit das Wesentliche im Auge zu behalten, hat einige Jahu-Gemeinschafts-Glieder dazu bewogen, sich im Bereich der Spiritualität weiterzubilden.

Im dreijährigen berufsbegleitenden Ausbildungskurs zum/r Meditationsleiter/-in unter der Leitung von Wolfgang Bittner fand sich für sie ein massgeschneidertes Angebot. Sie setzten sich mit den Grundformen christlicher Spiritualität auseinander, wurden in dieselben eingeführt, praktizierten, reflektierten theologisch und erwarben in vielen Bereichen gründliche Kenntnisse, sowie die Fähigkeit, diese Grundformen selbständig an andere weiterzugeben. Vieles aus dem reichen Schatz der christlichen Tradition inspirierte sie und durch sie die Jahu-Gemeinschaft als ganze, besonders die Lectio Divina, das betrachtende/betende Lesen der Bibel, welche das Wort ins Zentrum stellt und über dem Lesen des Wortes ins Gebet führt. Durch Wolfgang Bittner haben viele entdeckt, wie das biblische Wort seine Wirkkraft auf eine besondere Weise entfaltet, wenn man es laut und langsam liest. So kann das geschriebene Wort in die Begegnung mit dem lebendigen Wort führen. Begegnung aber führt zu Transformation. Laut Evagrius, den Emmenegger in seinem Text erwähnt, ist es aber Gnade, wieweit Gott sich uns im Gebet offenbart (vgl. Emmenegger, 111). Weder ist uns Gottes Reden verfügbar noch lässt sich durch Leistung eine Erfahrung herbeibeten. Dafür gibt es keine Methoden. Gemäss Evagrius sei aber lernbar, sich durch Training – *askeo* – zu sammeln und regelmässig zu beten. Meditationsübungen können dabei helfen, unser Inneres zur Ruhe zu bringen, damit es empfänglicher für Gott wird, der schon immer gegenwärtig ist.

Was durch das im Meditationskurs Gelernte in die Jahu-Gemeinschaft geflossen ist, hat zur Reflektion angeregt und Fragen aufgeworfen: Wo können wir im überfüllten Alltag Räume der Stille schaffen, welche Voraussetzung sind essentiell, um überhaupt hören zu kön-

---

[110] Zweite Vorbemerkung des Ignatius zu seinen Exerzitien, http://orden.erzbistum-koeln.de/export/sites/orden/benediktinerinnen-koeln/.content/.galleries/downloads/Ignatius_Von_Loyola_-_Exerzitien.pdf.

nen? Welche bestehenden Gefässe können wir neu füllen? Wie bekommt das Wort mehr Raum im persönlichen Leben, sowie in der Gemeindepraxis?

Bereiche, in denen Gelerntes Anwendung findet, sind meditative Abendgottesdienste, Gebetswochen und Exerzitien im Alltag. In diesen Gottesdiensten besteht der Predigtteil aus einigen Meditationsimpulsen, die zum (Be–)Schauen des Textes und zum Hören in der Stille anleiten. So erfahren die Gottesdienstbesucher, dass das Wort Gottes im Hier und Jetzt praktische Relevanz für ihren Alltag gewinnen kann.[111] Ähnlich bei den Gebetswochen und den Exerzitien, wo mit Hilfe einer schriftlichen Anleitung ein Text mit einigen Impulsen entweder in der gemeindeinternen Kapelle oder zu Hause meditiert werden kann. Gott ist ein Gott, der in die Mündigkeit führen möchte: Alle erwähnten Gefässe laden den Einzelnen und die Gemeinschaft dazu ein, sich mit Gottes Wort persönlich auseinanderzusetzen. Dabei machen viele die überraschende Erfahrung, dass das Wort beginnt, ihr Leben auszulegen und es auf diese Weise eine nachhaltige Wirkung für ihre Gottesbeziehung und ihr Glaubensleben gewinnt. Und doch braucht die Spiritualität – der gelebte Glaube – einen Rahmen, weil sie in der Gefahr stehen kann, sich zu verselbstständigen und sich alleine auf die Emotionen der Gottesnähe auszurichten. Beide „Spezialisierungen", sowohl die, welche sich mit theologischer Bildung auseinandersetzt, als auch die, welche sich auf den Bereich der Spiritualität fokussiert, wirken als Multiplikatoren und können im vielfältigen Gemeindekontext weitergeben, was erlernt und gewonnen worden ist.

---

[111] Bittner, Wolfgang J., Hören in der Stille. Praxis meditativer Gottesdienste, Göttingen 2009.

VI Rechtfertigung. Gottes Plan und die Sicht des Paulus

Von Nicholas Thomas Wright

1 Einführung

Mein Thema heute stand für fast fünfhundert Jahre im Mittelpunkt ökumenischer Debatten, sodass es kaum besser gewählt sein könnte.[112]

Zur Einführung einige kurze Bemerkungen zur Reformation. Meine erste Bekanntschaft mit dem 16. Jahrhundert erfolgte in einer gefährlich grob vereinfachten und karikierenden Antithese. Das Mittelalter – so gab man mir zu verstehen – war eine Zeit geistlicher Finsternis mit einer unterdrückerischen Kirche, die ihr Ansehen durch die Macht des Klerus zur Heilsvermittlung aufrecht erhielt, sei es durch das Messopfer oder durch religiöse Übungen im Bezug zum Fegefeuer. Insgesamt wurde eine Art Pelagianismus gelehrt, in dem der verängstigte Gläubige nie sicher sein konnte, genug gute Taten vollbracht zu haben, um einen zornigen Gott zufriedenzustellen. In diese Karikatur der mittelalterlichen Kirche trat ein ebenfalls karikierter Martin Luther, der das biblische Evangelium von Gnade und Glaube wiederentdeckte und so Europa aus den Fängen des Papstes befreite. Immer noch gibt es einige Leute in einigen protestantischen Kreisen, die ungefähr so etwas glauben.

Die Wirklichkeit war natürlich weit komplexer und verworrener, so wie es für die Wirklichkeit immer gilt. Ja, es gab befremdende Missbräuche, sowohl in der Lehre als auch in der Praxis, und sie beunruhigten einige Theologen der damaligen Kirche ebenso wie Luther. Doch es gab auch ein reiches Leben in Theologie und Frömmigkeit, das überhaupt nicht pelagianisch war. Luther selbst war ein Augustinermönch, und die Werke der großen anti-pelagianischen Väter wurden sorgsam studiert. Man kann Luthers Lesart von Gerechtigkeit, Gnade und Glaube als eine frische Ausarbeitung der Position des Augustinus betrachten. Wichtig ist es auch, Luthers Protest in einer großen Vielfalt von sozialen und kulturellen Kontexten zu verankern sowie – noch wichtiger – in seinem Bezug

---

[112] Der folgende Text findet sich auch in der deutschen Übersetzung von Wright, Nicholas Thomas, Rechtfertigung. Gottes Plan und die Sicht des Paulus (SOF 63), Münster 2015, 233–247.

zu verschiedenen philosophischen, theologischen und geistlichen Bewegungen des 15. Jahrhunderts, aus denen er zum Teil hervorging oder gegen die er sich abgrenzte. Mit Sicherheit stimmt es nicht, dass die mittelalterliche Kirche alles falsch machte und Luther, durch die Lektüre der Bibel, alles richtig. Bei weitem nicht.

Ebenso gilt: In der Theologie der Reformatoren führt kein gerader Weg – ob in der Rechtfertigung oder in anderen Fragen – von Luther über Melanchthon und Bucer zu Calvin und darüber hinaus. Es gibt zahlreiche bedeutsame Unterschiede, auch wenn ich weder die Zeit noch die Kompetenz habe, sie im Einzelnen zu untersuchen. Die katholische Reaktion auf Luther war ebenfalls alles andere als einförmig. Eine der Tragödien der Kirchengeschichte besteht darin, dass die Versöhnungsbewegungen, z.B. beim Regensburger Religionsgespräch 1541, erfolglos blieben. Die folgende Polemik und Dogmatik auf dem Konzil von Trient einerseits und die Protestanten des 17. Jahrhunderts andererseits, ganz zu schweigen von den verschiedenen sogenannten Konfessionskriegen, führten unweigerlich zu harten und oft von Zorn geleiteten Positionen.

Die Lage wurde noch komplexer, als im Zeitalter der Moderne Kirche und Theologie versuchten, nicht nur die theologischen Aussagen des 16. Jahrhunderts, sondern auch deren jeweilige Schriftinterpretationen wieder hervorzuholen. Die Aufklärung schränkte den Bezugskreis von der weiteren Perspektive der Reformatoren, die ganze Gesellschaften, Städte, Länder und deren Gesetzgebung einbezogen, auf den engeren Rahmen der Spiritualität und der Rettung nach dem Tod ein. So wurde eine Trennung zwischen Religion und normalem Leben geschaffen, zwischen Glaube und öffentlichen Angelegenheiten. Viele moderne Wahrnehmungen der Reformation konzentrierten sich folglich auf Fragen der Errettung, losgelöst von den breiteren Themen, die bei Luther ebenso wie bei seinen Kritikern alle miteinander verflochten waren. Wenn Kirchgänger heute, vor allem in Amerika, an die Reformation denken, dann denken sie im Unterschied zu Luther und Calvin nicht an die praktische Bedeutung des christlichen Lebens in der Welt, sondern einfach daran, wie man in den Himmel kommt, an die Mechanismen der Soteriologie.

All dies hat unausweichlich das Verständnis des Paulus bei Menschen in der Moderne verzerrt. Um es sehr vereinfacht zu sagen:

(1) Luther las die Warnungen des Paulus vor dem jüdischen Gesetz im Lichte seiner Auseinandersetzungen mit der spätmittelalterlichen Kirche;
(2) im 19. Jahrhundert wurde Luthers Lesart des Paulus teilweise im Lichte der deutschen Aufklärungsphilosophie verstanden, insbesondere des Idealismus;
(3) einige pietistische Bewegungen haben Luther im Lichte einer Art von Romantik gelesen, wo *Glaube* und *religiöses Gefühl* einander gefährlich entsprachen;
(4) Bultmann und andere lasen Luther im Lichte des Heidegger'schen Existentialismus;
(5) im Endergebnis lasen viele im 20. Jahrhundert Paulus durch eine komplexe Zusammenstellung von Linsen, die zu einer zunehmenden Verzerrung des ursprünglich Gesagten führten.

An jedem Punkt der Linie gab es Gegenbewegungen, vielschichtige Debatten und Wechselwirkungen auf mehreren Ebenen. Jede Generation hat auch neue Kommentare und exegetische Auslegungen hervorgebracht und dabei immer versucht, zu Paulus selbst zurückzukehren.

Mit genau diesem Versuch habe auch ich einen erheblichen Teil meines eigenen Lebens zugebracht. Ich meine nicht etwa, dass wir aus unserer persönlichen, kulturellen und theologischen Haut schlüpfen und voraussetzungslos zu Paulus oder, für unsere Frage, zu Luther gelangen könnten. Der Historiker hat jedoch die Aufgabe, sich zur Vergangenheit durchzuarbeiten, in die Haut und in die Schuhe von Menschen zu schlüpfen, die anders dachten als wir. Wir sind keine Gefangenen der sterilen Antithese zwischen naivem Positivismus und reduktivem Subjektivismus. Geschichtsdeutung arbeitet mit dem Mittel des hermeneutischen Zirkels, einfacher gesagt, mit einem *kritischen Realismus,* mit dem fortdauernden Dialog zwischen unseren Wahrnehmungen und der Realität der Welt. In diesem Sinne ist die Geschichtsdeutung der Naturwissenschaft vergleichbar, außer dass die Naturwissenschaft das Wiederholbare, die Geschichtswissenschaft das Nicht-Wiederholbare untersucht. Doch der hermeneutische Zirkel ist derselbe. Wir können in unseren Rekonstruktionen tatsächlich Wahrscheinlichkeiten erreichen.

Wie also können wir vorgehen? Hier liegt meine Hauptaussage. Was wir heute für die reformatorische Lesart des Paulus halten, ist nachweislich unangemessen. Doch das mindert keinesfalls die Bedeutung der Rechtfertigungslehre des Paulus. Im Gegenteil. Sie wird noch explosiver.

2 Die explosive Rechtfertigungslehre des Paulus

Die Reformatoren lebten zu einer Zeit, als Europa auf das Fegefeuer fixiert war. Luthers ursprünglicher Protest wurde durch offenkundige Missbräuche dieser Lehre ausgelöst. Doch wenn wir das Fegefeuer abschaffen (weil es in der Bibel nicht gelehrt wurde und einige Dinge infrage stellt, die dort *klar* gelehrt werden), bleibt immer noch die mittelalterliche Frage: Himmel oder Hölle? Die Sorge um das Leben nach dem Tod umrahmte und bedingte im 16. Jahrhundert die Debatten über die Errettung und daher über die Rechtfertigung. Wie komme ich in den Himmel, nicht in die Hölle, und wie kann ich in der Gegenwart dieses Zieles gewiss sein?

Selbstverständlich ging es Paulus zutiefst um Errettung. Sie ist ein Hauptthema im Römerbrief, seinem größten Brief. Ja natürlich, Rechtfertigung steht in enger Verbindung zur Errettung. Doch Rechtfertigung handelt auch von anderem. In zwei von drei Briefen, in denen Paulus sich zu dieser Frage äußert, ist Errettung nicht das vorrangige Thema. In Phil 3 spricht er über die Mitgliedschaft in Gottes erneuertem Israel. In Gal 2 und 3 spricht er über die eine Familie, die Gott Abraham verheißen hat. Darauf komme ich später zurück.

Woher kommt also die Abweichung? Hier stoßen wir auf ein übliches Problem in der systematischen Theologie: Wie sehr die Theologen auch sagen mögen, dass sie die Heilige Schrift als normativ betrachten, sie versäumen es doch häufig, auf deren ursprüngliche Bedeutung zu hören. Wir dürfen vermuten, dass für viele Jahrhunderte vor Luther die Kategorien *Gerechtigkeit* und *Rechtfertigung* so stark durch die mittelalterlichen lateinischen Ideen von *iustitia* gefärbt waren, dass sie schon lange nicht mehr die Vorstellungen wiedergaben, die das Septuaginta–Wort *dikaiosynē* vom Hebräischen *tsedaqah* her trug. Jene komplexe Vorstellung trägt in der Tat in gewissem Sinne die Bedeutung von *rechter Anordnung* oder *rechtem Verhalten* und daher von *Gerechtigkeit,* doch sie trägt insbesondere auch Bedeutungen in Bezug zum Bund, zu den rechten Anordnungen und Zielsetzungen Gottes und seines Volkes. Es sind diese Anklänge an den *Bund,* die kraftvoll bei Paulus auftauchen. Wenn wir sie übersehen, werden wir ihn missverstehen.

Was also ist der Horizont der Lehre des Paulus, wenn nicht ‚Himmel und Hölle', wie es normalerweise verstanden wird? Wie gehört der *Bund* zu diesem größeren Bild? Wir gehen in einer Abfolge von sieben Schritten vor.

3 Sieben Schritte zur Lehre des Paulus

Erstens, die Berufung des Menschen. Für Paulus wie für das gesamte Neue Testament ist das letzte Ziel nicht der *Himmel*, sondern die *neue Schöpfung*, die neue Welt, in der die alte Welt von Vergänglichkeit und Untergang ihr Ende findet und Gott für die gesamte Schöpfung tun wird, was er für Jesus in der Auferstehung getan hat. Die Reformatoren waren sich der biblischen Vision der neuen Schöpfung bewusst, doch ihr theologischer Horizont war noch beherrscht von der Antithese von Himmel und Hölle aus dem Mittelalter. Bei einer Reise kommt es ganz entscheidend auf das Ziel an. Erlöste Menschen werden in jener Welt keine trägen Zuschauer sein; sie werden die weltweite Herrschaft des Messias teilen (Röm 5,17; vgl. die gesamte Thematik der *doxa,* Herrlichkeit). Paulus spricht von Gottes erneuertem Volk und dessen Anteil am Richten (Röm 2,27; 1 Kor 6,2–3 unter Aufnahme des jüdischen Themas aus Daniel und dem Buch der Weisheit [3,8]). Zu diesem Ziel müssen Menschen selbst wieder in die rechte Ordnung gebracht werden aufgrund von Sünde und Tod.

Zweitens, das Problem von Sünde und Tod. Der von Gott für die Menschen vorgesehenen Rolle stehen Sünde und Tod im Wege. Sünde ist hier sowohl die aktuelle Sünde von Menschen als auch die dunkle Gewalt, die Paulus manchmal personifiziert; im Englischen sagen wir ‚Sünde mit großem S' (obwohl das natürlich in der deutschen Sprache nicht aussagekräftig ist). Tod ist hier sowohl der aktuelle Tod von Menschen als auch die dunkle Macht, die nach Paulus in 1 Kor 15,26 als der letzte Feind überwunden werden wird. Sünde und Tod sind ontologisch verbunden, denn Sünde ist der Definition nach Abwendung von dem einen wahren Gott, dem Urheber des Lebens, und von seiner Zielsetzung für die Geschöpfe, die sein Abbild tragen. Notwendig sind daher sowohl *Errettung,* d.h. Befreiung von diesen Mächten und menschlichen Wirklichkeiten, als auch Wiederherstellung der vollen Berufung des Menschen zur *Herrlichkeit,* also zur Teilnahme an Gottes Herrschaft über die neue Welt. Auf dieses Ziel ist Rechtfertigung letztlich hin geordnet.

Drittens, die Lösung des Bundes. Dieses Ziel der Errettung und Wiederherstellung ist die Absicht in Gottes Bund mit Abraham – und, damit verbunden, die Absicht in der gesamten Geschichte Israels mit ihren Höhepunkten im Exodus, in David und Salomo, in den Psalmen und in den Propheten. Der Bund mit Abraham bezog sich auf eine verheißen *Familie* und ein verheißenes *Erbe,* und aus diesem Grunde handelt es sich offensichtlich um eine Gabe der Gnade, die Glaube erfordert, denn Abraham, ein kinderloser Nomade, hatte weder Familie noch Land. Das babylonische Exil, das die meisten Zeitgenossen des Paulus als in anderen Formen politischer Sklaverei noch fortdauernd ansahen, war im großen Maßstab ein Echo zu der Erzählung von Gen 1 bis 3. Die Sünde hatte zum Exil geführt, und die Familie war aus dem Land vertrieben worden. Das Vorhaben, die Welt zu befreien, bedurfte nun selbst der Befreiung. Rechtfertigung bezieht sich direkt auf den Bund und seine Erneuerung.

Viertens, die messianische Erfüllung. Paulus glaubt, dass Gottes Zielsetzungen für Israel und daher für die Menschen, und daher wiederum für die gesamte Schöpfung, sich in Jesus erfüllt haben. Die Auferstehung Jesu nach seiner schmachvollen (doch in Gehorsam und Vertrauen angenommenen) Kreuzigung erwies ihn wahrhaft als den Messias Israels. Die messianischen Verheißungen in der Schrift schließen die weltumspannende Ausweitung der abrahamitischen Verheißungen ein: Jetzt wird das Erbe zu der gesamten Welt gelangen (Ps 2; 72). Die Auferstehung erweist also, dass Jesus in seiner eigenen Person die lange verheißene erlösende Rückkehr des Gottes Israels verkörpert. Wenn der Tod selbst *(Death)* besiegt ist, bedeutet das zugleich den Sturz der Sünde *(Sin)* als Macht. In der Auferstehung tut der Schöpfergott kund, dass Jesus wahrhaft sein Sohn ist und in ihm die neue Schöpfung geboren ist, sodass Sünde und Tod überwunden sind. Damit hat Gott zugleich kundgetan, dass die endgültige Wiederherstellung der Ordnung aller Dinge, von denen in den Psalmen und den Propheten die Rede war, durch Jesus als den endgültigen Richter erfüllt werden würde. Alle Linien der Geschichte Israels und damit zugleich der Weltgeschichte laufen auf Jesus zu.

Fünftens, die Botschaft des Evangeliums und die Rechtfertigung. Durch die öffentliche Deklaration Jesu als Messias und Herr führt der Geist Menschen aller Art, Menschen aus allen Stämmen und Nationen, zum Glauben. Die *Treue* des Messias findet dadurch ein Echo im *Glauben* derer, die ihn als den Herrn bekennen und glauben, dass Gott ihn von den Toten auferweckt hat. Ihr Glaube *(pistis)* ist also das Zeichen der Zugehörigkeit zu ihm, sodass sie durch das Leben *in ihm* (eine Aussage, die Paulus eng mit der Taufe verknüpft) direkt aus seinem Sieg über

Sünde und Tod Nutzen ziehen. Wie in Röm 6 wird das, was für den Messias zutrifft, das Tot-Sein für die Sünde und das Lebendig-Sein für Gott, auch für sie als wahr *angerechnet*. Das bedeutet: Das Urteil, das Gott bereits in der Auferweckung Jesu von den Toten kundgetan hat, wird *vorwärts* übertragen und kundgetan über all diejenigen, die *in ihm* sind. Vom anderen Ende her betrachtet: Das Urteil des letzten Tages, an dem Gott alle Dinge in die rechte Ordnung bringen und alle, die zu ihm gehören, von den Toten auferwecken wird, wird *rückwärts* übertragen in die Gegenwart. In der *Rechtfertigung durch Glauben in der Gegenwart* tut Gott für diejenigen, die an das Evangelium glauben, kund: Das Urteil der Vergangenheit und der Zukunft gilt auch für sie; sie sind *im Recht*. Aus diesem Grunde bietet *Rechtfertigung aus Glauben* nach Paulus *Gewissheit*: „Der in euch das gute Werk begonnen hat, wird es vollenden bis zum Tag des Messias Jesus" (Phil 1,6; nach Wright).

Sechstens, Rechtfertigung und die Gemeinschaft aufgrund des Evangeliums. Das Werk des Geistes, das durch das Evangelium den Glauben hervorbringt, und Gottes Urteil, das *ins Recht setzt*, werden über den Messias in seiner Treue und über seine Getreuen ausgesprochen und bringen eine neue Gemeinschaft hervor, die Leute-des-Messias. In den zwei wichtigsten Darlegungen der Rechtfertigung, im Römerbrief und im Galaterbrief, ist die Gemeinschaft die eine Familie der Verheißung an Abraham, die Gottes neue Schöpfung erben wird. Der Bund mit Abraham war dazu gedacht, das Problem von Sünde und Tod des Menschen zu überwinden, das Problem aus Gen 3, sichtbar in der Zerstörung der Familie (durch den ersten Mord) und in der Vertreibung aus dem Garten. Gottes Deklaration in der Gegenwart, dass diejenigen, die dem Evangelium glauben, die Leute-des-Glaubens, die Leute-des-Messias, die Leute-der-vergebenen-Sünden sind, bedeutet, dass sie folglich die wahren Leute-Abrahams sind. Das wiederum bedeutet, dass die Leute-des-Glaubens-an-den-Messias die *eine* Familie bilden. Es kann nicht zwei Messias-Familien oder zwei Abraham-Familien geben. Was Gott über einen Glaubenden kundtut, tut er von allen kund. Umgekehrt gilt: Abraham war der Auftakt zu Gottes Plan, das Unglück von Gen 3 bis 11 zu wenden und auf diese Weise die Menschen wieder auf den rechten Weg zu bringen und die gesamte Schöpfung in die rechte Ordnung. Wenn also Gott kundtut, dass Menschen Teil des Bundes mit Abraham sind, dann ist darin die Deklaration *eingeschlossen*, dass ihre Sünden vergeben sind.

Siebtens, die vollendete Zukunft. Das Urteil der Gegenwart – Glaubende sind Kinder Abrahams und ihre Sünden wurden am Kreuz überwunden – wird seinen Nachhall in der Zukunft finden, wenn Gott die ganze Welt in die rechte Ordnung bringt. Das Urteil wird die Form der Auferstehung der Toten haben und eine weltweite Familie von erneuerten Menschen hervorbringen, die endlich fähig sind, als Gottes *königliche Priesterschaft* zu handeln, an der glorreichen Herrschaft des Messias über die Welt teilzuhaben. Das wird die endgültige Erlösung vom Tod selbst bedeuten und wird folglich *Errettung* und *Befreiung* mit-bezeichnen. Doch der Hauptakzent wird auf dem positiv bestätigten *Erbe* liegen, ebenso wie im Exodus die Befreiung aus Ägypten natürlich wesentlich war, und dennoch nur das Vorspiel zum Erbe des verheißenen Landes.

4   Falsche Kategorien?

Hoffentlich ist auf dieser Grundlage klar geworden, dass die oft bei der Erörterung von *Rechtfertigung* angewendeten Kategorien verzerrt und unangemessen sind. Sie sind verzerrt, weil sie die Vorstellung wecken, bei der *Rechtfertigung* gehe es allein um Menschen, die irgendwie *Gerechtigkeit* erlangen, sei es durch ihre eigenen moralischen Anstrengungen (wie im verbreiteten Pelagianismus) oder durch moralische *Verdienste* Jesu, die ihnen *zugerechnet* werden (wie vielfach im protestantischen, vor allem im reformierten Denken), oder durch eine eingegossene Qualität moralischer Güte (wie vielfach im katholischen Denken). In allen Fällen wird *Rechtfertigung* betrachtet als *in Ordnung bringen, richtigstellen* von Menschen, innerhalb eines Rahmens, wo Menschen gleichsam einem Test unterworfen werden und eine moralische Aufgabe bewältigen müssen. Das gehört nach meiner Vermutung zu einer mittelalterlichen, wenn auch erst im 17. Jahrhundert in reformatorischen Kreisen voll ausformulierten Vorstellung von einem grundlegenden *Bund der Werke,* dem Menschen sich irgendwie einfügen müssen (oder dem Jesus sich an ihrer Stelle einfügt), um irgendwie *Gerechtigkeit* zu erlangen. Das wiederum geht einher mit demselben grundlegenden Verständnisrahmen, wonach die ganze Erzählung sich darauf konzentriert, ob Menschen in den Himmel oder in die Hölle kommen. Mein Vorschlag lautet, dass zumindest für Paulus die Dinge sich ganz anders darstellen. Das Ziel der ganzen Erzählung liegt in der Wiederherstellung der Menschen in ihrer Berufung zur *Herrlichkeit,* d.h. zur Würde und zur Herrschaft über die

Schöpfung. Dazu sind sie nach dem Bilde Gottes geschaffen, sodass durch sie Gottes Herrlichkeit und die Erkenntnis Gottes die ganze Schöpfung erfüllen werden. Mit diesem Ziel gibt Rechtfertigung kund, dass sie zum Bund gehören, Vergebung erlangt haben und im rechten Verhältnis zu Gott stehen.

Die normalerweise verwendeten Kategorien sind folglich unangemessen. Sie handeln nur von der Befreiung der Menschen von der tödlichen Verurteilung, die über die Sünde hereinbricht. Natürlich ist das äußerst wichtig, doch für Paulus gehört es zu dem größeren Bild des göttlichen Bundesplanes für die Schöpfung als ganze. Das meine ich, wenn ich sage: Obwohl Paulus unter *Rechtfertigung* etwas recht Verschiedenes verstanden zu haben scheint, als Luther und die übrigen Reformatoren es vermuten, ist das von ihm Gemeinte in der Tat sogar noch explosiver. Die Reformatoren versuchten biblische Antworten auf mittelalterliche Fragen zu geben. Die Lehre des Paulus stellt die Fragen selbst infrage und ermutigt uns zu einer Umarbeitung des gesamten Bildes. Wie Karl Barth gezeigt hat, treten die Reformatoren wirklich nie aus ihrer Eschatologie heraus. Wenn wir ihren impliziten Denkrahmen von Himmel und Hölle durch die biblische Aussage ersetzen, dass Himmel und Erde in der neuen Schöpfung zusammenkommen, werden bedeutsame Wandlungen in der Soteriologie eintreten und die Rechtfertigung mit einschließen.

5 Drei Linsen

Paulus würde in der Tat darauf bestehen, dass wir bei der Untersuchung der Rechtfertigung durch drei biblische Linsen schauen: Eschatologie, Gericht und Bund.

Paulus denkt, erstens, in Kategorien der *Eschatologie*. Der gegenwärtige Augenblick ist gehalten zwischen den entscheidenden Ereignissen aus Vergangenheit und Zukunft. Die Auferstehung Jesu in der Vergangenheit wird betrachtet als das göttliche Urteil über Jesu Leben und seine Selbsthingabe im Tod. Die neue Schöpfung, in der Zukunft, wird als der endgültige Akt des göttlichen Gerichts betrachtet, das von der Schöpfung alles hinwegnimmt, was Sünde, Verfall und den Tod selbst verursacht. Diese zwei Augenblicke, die metaphorisch als Urteile in einer Gerichtssituation angesehen werden, umrahmen den gegenwärtigen Augenblick, in dem dasselbe Urteil kundgetan wird, wenn jemand dem Evangelium Glauben schenkt. Das Urteil der *Vergangenheit* in Tod und Auferstehung

Jesu und das Urteil der *Zukunft* im jüngsten Gericht sind in die *Gegenwart* gebracht. Die zugrundeliegende Logik besagt, dass das beteiligte Volk ‚im Messias' ist (Röm 3,24; Gal 2,17; Phil 3,9).

Die zweite Linse, eng mit der ersten verbunden, ist diejenige des *Gerichts*. Schon wenn wir von einem *Urteil* sprechen, führen wir die Vorstellung von Gott als einem Richter und von den Menschen auf der Anklagebank ein. Aus sich heraus könnte damit die Vorstellung von einem *Bund der Werke* verstärkt werden, in dem *einzig und allein* eine Art juridischer Vertrag zählt. Das Gericht wird jedoch eingeführt, weil die gesamte Schrift von dem Weg handelt, auf dem Gott der Schöpfer entschlossen ist, die Welt schlussendlich *in die rechte Ordnung zu bringen*. Der alte Glaube der Hebräer an Gott als Richter bezog sich nicht auf einen Gott, der einen hohen moralischen Maßstab festlegt und darauf besteht, dass Menschen ihn einhalten, wenn sie sich der ewigen Glückseligkeit erfreuen wollen. Er bezog sich vielmehr auf Gott den Schöpfer, der unwiderruflich entschieden hat, die Welt in die rechte Ordnung zu bringen und seine Welt durch die Träger seines Abbildes zu regieren, durch seine königliche Priesterschaft – mit anderen Worten, durch die Menschen.

All das wird ins rechte Licht gerückt, wenn wir die dritte biblische Linse hinzufügen, diejenige des *Bundes*. Der Bund mit Abraham und Israel, den Paulus durch den Messias, den Geist und das Evangelium so herrlich erfüllt sieht, war das Mittel, durch das Gott der Schöpfer seine Welt in die rechte Ordnung zu bringen beabsichtigte. Gott verhieß Abraham eine Familie und ein Erbe. Paulus war überzeugt, dass diese Familie ihren Mittelpunkt im Messias hatte, um jetzt alle einzubeziehen, die *in ihm* sind. Er war überzeugt, dass das Erbe seinen Mittelpunkt in der gesamten neuen Schöpfung hatte, für die der Geist das *Angeld* war. Alte messianische Texte wie Psalm 2 hatten sich auf die abrahamitischen Verheißungen des kommenden Königs konzentriert. Paulus glaubte, dass Jesus dieser König war.

Wenn man die Linse des *Bundes* hinzufügt, hat das eine bedeutsame Auswirkung sowohl auf die Sicht der Eschatologie als auch des Gerichts. Mit dem recht verstandenen Bund geht es in der Eschatologie nie einfach darum, ob man in den Himmel kommt (oder nicht, je nachdem). Vielmehr richtet die Eschatologie den Blick immer auf die neue Schöpfung und auf die Rolle der Menschen darin. Ist der Bund in Kraft, kann das Gericht ebenfalls nie im Sinne eines gnadenlosen *Bundes der Werke* verstanden werden. Gottes Plan war von Anfang an ein Plan überströmend großzügiger Liebe, um Geschöpfe nach seinem Bilde hervorzubringen, denen er die wunderbare Berufung geben wollte, sich um diese Welt zu kümmern. Die Gerichtssituation tritt ein, um anzuzeigen, dass etwas völlig falsch verlaufen ist und in Ordnung gebracht werden muss. Das Ziel liegt nicht darin, ein gesetzliches oder moralistisches System zu verabsolutieren, sondern den strikten Widerstand des Schöpfers gegen alle Schädigungen oder Entstellungen seiner Schöpfung deutlich zu machen sowie seine Entschiedenheit, all das aus dem Weg zu räumen, sodass seine Schöpfung in ihrer eigentlichen Blüte wiederhergestellt werden kann.

6   Paulus und das Gesetz

Was sagt all dies ferner über das Gesetz, das in Diskussionen über Paulus und die Rechtfertigung so stark ins Blickfeld gerückt ist? Luther stellte bekanntlich die Antithese von *Gesetz* und *Evangelium* ins Zentrum seiner Theologie. Er griff die paulinische Antithese, vor allem aus dem Galaterbrief, auf und setzte sie in Bezug zu dem angstvollen Legalismus seines frühen Mönchslebens sowie zu der Befreiung davon, die er in seinem neuen Verständnis des Evangeliums fand. Doch an diesem, vielleicht vor allem an diesem Punkt hat uns Luthers Deutung auf Abwege geführt. Wenn Paulus vom Gesetz spricht, meint er nicht ein universales Moralgesetz. (Auch davon weiß er und kann von Zeit zu Zeit darauf Bezug nehmen; doch davon spricht er weder im Galaterbrief noch in Röm 3; 4; 7 und 10, wo das Gesetz eine so wichtige Rolle spielt.) Ebensowenig spricht er über einen kategorischen Imperativ, der drohend über dem Menschengeschlecht schwebt und einen moralistischen Rahmen erzeugt, oder, falls dieser zurückgewiesen wird, über ein antinomistisches Evangelium. Er spricht über das jüdische Gesetz, über die *Tora,* die Israel gegeben worden ist und ausdrücklich nicht den Heiden; und zwar wurde das Gesetz gegeben, um Israel unter allen Völker besonders zu kennzeichnen. Doch um zu verstehen, was Paulus sagt, müssen wir dasselbe tun wie er und die Gabe und die Zielsetzung des Gesetzes im Rahmen der umfassenderen Erzählung von Gottes Zielsetzungen mit seinem Bund situieren.

Für Paulus konnte sich das Wort *Gesetz* auf die Gesamtheit der hebräischen Schriften beziehen oder auf den ganzen Pentateuch – und in beiden Fällen geht es natürlich um eine Erzählung – und ebenso auf die konkreten 613 Gebote, die durch die Rabbinen festgelegt worden waren. Einige Juden aus den Tagen des Paulus betrachteten den ganzen Pentateuch als eine einzige Erzählung, nicht nur als die *zurückliegende,* sondern als die *gesamte* Erzählung, denn das Ende des Buches Deuteronomium konnte als eine weitreichende Prophezeiung der endgültigen Zukunft Israels betrachtet werden, mit der Erneuerung des Bundes in Kapitel 30 und dann mit den allumfassenden Warnungen und Verheißungen in Kapitel 32. Röm 10 liefert einen guten Beleg, dass Paulus die Tora ebenfalls auf diese Weise las, sodass für ihn die große Erzählung des Pentateuch ihr Ziel im Messias erreicht hatte (vgl. Röm 10,4 mit 10,6–13). Diese positive Rolle der Tora wurde von einigen Reformatoren aufgegriffen, insbesondere von Calvin. In dieser Sicht ist die Tora Gottes Gesetz, das als Bundesgeschichte erfüllt werden muss.

Ebenso erkennt Paulus an, dass vieles von der Tora eine wesentlich negative Rolle hat. Israel, obwohl Gottes Volk, wird gewarnt, dass es auch aus Sündern besteht. Diese negative Bestimmung griff Luther auf und vollzog den schwerwiegenden hermeneutischen Sprung von Israels Gesetz zur gesamten Vorstellung eines Systems von *Werken,* von Selbsterlösung durch moralische Anstrengung, wogegen er rebellierte. Daher haben einige spätere lutherische Traditionen der Paulusdeutung tatsächlich vorgeschlagen, Paulus habe die Tora als eine negative Größe betrachtet, die vielleicht durch böse Engel eingeführt worden sei. Das ist jedoch bestimmt nicht die Sicht des Paulus. Für Paulus hat die Tora eine von Gott gegebene und notwendig negative Rolle, *nicht* um einen vermeintlichen *Bund der Werke* zu bestärken, sondern um Israel auf dem rechten Weg zu halten und es daran zu hindern, völlig in die falsche Richtung zu gehen, bis zur Ankunft des Messias, der alles in Ordnung bringen würde. Das ist im Wesentlichen das Argument von Gal 3 (und in der Tat von 1 Tim 1,8–11).

In Röm 7 (mit weiteren Hinweisen an anderen Stellen) enthüllt Paulus einen tieferen Aspekt. Gott gab Israel die heilige Tora, damit die Sünde *(Sin)* an einen Ort gezogen werden sollte, und zwar auf den Israel repräsentierenden Messias, damit sie dort ein für alle Mal verurteilt werde. Das wird in Röm 8,3 zum Ausdruck gebracht und steht dem Zentrum der gesamten Sühnetheologie des Paulus nahe. Das aber bedeutet, dass die negative Zielsetzung der Tora paradoxerweise eine positive Rolle in den Zielsetzungen Gottes spielt. Dies wiederum hat eine direkte Auswirkung auf die Deutung von Gal 3,13, wo viele Interpreten vorgeschlagen haben, dass das Gesetz fälschlich den Fluch über Jesus ausgesprochen hat und daher die Auferstehung Jesu die Verwerfung des Gesetzes bedeutet habe. So ist es nicht. Für Paulus tat das Gesetz, wofür Gott es bestimmte. Die göttliche Zielsetzung hatte jedoch mit der Bundeserzählung Israels zu tun, nicht mit einem abstrakten System von Belohnungen und Bestrafungen. Nur durch die Linse des Bundes können wir all das klar sehen. Die Tatsache, dass Jesus unter dem Fluch des Gesetzes stirbt, bringt die göttliche Absicht zum Ausdruck: Dies war notwendig, nicht um zu beweisen, dass das Gesetz Unrecht hatte, sondern um diejenigen zu befreien, die mit Recht unter dem Fluch des Gesetzes gehalten waren, und um so die Erneuerung des Bundes zu ermöglichen.

All dies war nach der Überzeugung des Paulus notwendig, weil die Bundesfamilie Abrahams sowohl Teil des Problems als auch Träger der Lösung war. Diese radikale Doppeldeutigkeit, die erst auf dem Kreuz selbst endgültig überwunden ist, spiegelt sich in der Zielsetzung der Tora genau wider.

7   Die Gerechtigkeit Gottes

Was sagt all dies somit über Gott? Was meint Paulus insbesondere, wenn er von der *Gerechtigkeit Gottes* spricht? Das war offensichtlich besonders für Luther von höchster Bedeutung. Nach meiner Überzeugung hat er jedoch missverstanden, wie die Frage hätte lauten sollen, und so verpasste er die Gelegenheit, die richtige exegetische und theologische Lösung zu finden.

Martin Luther betrachtete die neue Deutung der *Gerechtigkeit Gottes* als seinen Durchbruch. Statt den Ausdruck auf Gottes *iustitia distributiva* zu beziehen, verstand er ihn vielmehr als *eine Gerechtigkeit, durch die er andere gerecht macht*. Dies brachte eine erhebliche Verwirrung mit sich: War diese *Gerechtigkeit* eine Qualität oder ein Attribut Gottes (oder vielmehr Christi) und wurde dann glaubenden Menschen zugeschrieben oder angerechnet? Oder war es eine Qualität in den Menschen selbst (z.B. der Glaube), und Gott entschied, dies als gleichbedeutend mit *Gerechtigkeit* ‚anzurechnen'? Diese Verwirrung dauert in den Kommentaren bis heute an. Ich weiß nicht, ob irgendeiner unter den Reformatoren wirklich die authentisch biblische Alternative in Betracht zog, doch wenn wir auf den Propheten Jesaja und die Psalmen und viele andere Abschnitte (insbesondere Dan 9) schauen, entdecken wir, dass Gottes Gerechtigkeit vor allem die *Treue zum Bund* ist. Das zeichnet beide Wege vor, wie Daniel sah: Weil Gott treu ist, muss er den Ungehorsam gegenüber dem Bund bestrafen. Ebenso gilt: Weil er treu ist, wird er sein Volk nach dem Exil wiederherstellen. Dieselbe Aussage liegt der Textfolge von Jes 52 bis 55 zugrunde.

Das Problem besteht natürlich darin, dass Luther mit seinem starken Widerstand gegen *das Gesetz* gerade diese jüdische Bundestheologie nicht finden wollte. Doch der Römerbrief handelt durchgängig von der Weise, wie Gott durch das Evangelium von Jesus, dem treuen Messias, seine Bundestreue enthüllt. Genau das sagt Paulus in Röm 1,16–17 und in Röm 3,21–26. Dies ist zugleich *apokalyptisch* – plötzlich wird die lang verheißene Wendung von Israels Geschick aufgedeckt – und *heilsgeschichtlich* – die große göttliche Rettungsaktion kommt ‚als die Zeit erfüllt war' (Gal 4,4). Das Vorbild für all dies ist, wie so oft, der Exodus. Wenn wir den Römerbrief im Kontext des Judentums des zweiten Tempels lesen, treten die Anklänge der *dikaiosynē theou* an den Bund deutlich zutage. Röm 4 legt Gen 15 aus und ist der triumphierende Abschluss zu dem Gedankengang der ersten vier Kapitel: Abraham ist nicht einfach ein Beispiel oder ein Schriftbeweis für jemanden, der aus Glauben gerechtfertigt ist, sondern mit ihm hat Gott den Bund geschlossen, *dem er nun im Messias seine Treue erwiesen hat.* Die Universalität der Sünde vorausgesetzt (Röm 1,18–2,16), ist die Berufung Israels, das Licht der Welt zu sein, offensichtlich gescheitert, denn auch Israel ist der Sünde unterworfen (Röm 2,17–24). Doch Gott ist treu und schafft ein erneuertes Israel (Röm 2,25–29) durch die Treue des Messias, dessen Tod Gottes Zielsetzungen mit dem Bund vollendet, die offenkundig darin bestehen, Menschen von Sünde zu befreien (Röm 3,21–26). Wie im Galaterbrief bringt dies die eine Glaubensfamilie als Volk des einen Gottes hervor (Röm 3,27–30). Auch wenn dies ‚unabhängig vom Gesetz' geschah, war es doch in der Tat das Ziel, auf das die Tora die ganze Zeit über ausgerichtet war (Röm 3,21.31). Gott verhieß Abraham eine weltweite Familie und ein weltweites Erbe, und dies ist nun erreicht in der und für die Messias–Familie, die Leute–des–Messias.

Dies wiederum schaut voraus, durch die theologisch unvergleichlichen Kapitel Röm 5–8, zu dem Höhepunkt in Röm 8, der zugleich den Höhepunkt des Gedankengangs zur Rechtfertigung wie auch zu allem anderen darstellt: Gott ist es, der rechtfertigt, also kann niemand verurteilen (Röm 8,33f). So bildet das Argument des Bundes, das letzten Endes ganz von der *Liebe* Gottes handelt wie in Dtn 7, das Herz des forensischen Arguments. Röm 1–8 zeigt, wie Gott durch den Bund die Sünde verurteilt und Menschen davon befreit, sodass sie schließlich ihren Platz als wahrhafte Menschen einnehmen können. Bund und Gericht gestalten zusammen die eschatologische Erzählung, und darin wird der Sieg, der in Tod und Auferstehung des Messias erlangt wurde, seine volle Auswirkung in der Erneuerung der Schöpfung und in der Auferstehung der wahren Menschheit haben. In der Gegenwart, zwischen diesen beiden Realitäten, ist die Gerechtigkeit Gottes die volle Treue des den Bund einhaltenden Gottes. Aufgrund dieser Treue hat er in der Treue des Messias die Sünden ein für alle Mal überwunden. Auf diese Treue können sich die Menschen, die ihm glauben, völlig verlassen, weil sie das Urteil *gerecht* gehört haben, das über ihren anfänglichen Glauben kundgetan wurde, der durch das Evangelium geformt und durch den Geist inspiriert ist. Luther hatte Recht, die *Rechtfertigung durch Glauben* als Schlüsselelement in der wunderbaren guten Botschaft des Messias zu sehen. Doch die gute Botschaft war sogar explosiver, als er sich vorgestellt hatte.

8 Rechtfertigung und die Vision der Ökumene

Lassen Sie mich mit einigen ökumenischen Reflexionen schließen, die insbesondere aus Gal 2 hervorgehen. Im Galaterbrief, so halten wir fest, spricht Paulus überhaupt nicht von *Errettung*. Die Wortgruppe kommt nicht vor. Auch behandelt er nicht die *Sünde* und wie man von ihr errettet wird; selbst *Sünde* wird kaum erwähnt. Das Thema im Galaterbrief, dem er sich mit der eindringlichen Auslegung der Rechtfertigung zuwendet, betrifft die *eine Familie Abrahams*. Der Vorfall bei Antiochien, in Gal 2,11–14 beschrieben, handelt ganz von der Tischgemeinschaft: Gehören unbeschnittene Heidenchristen an denselben Tisch wie beschnittene Juden? Paulus sagt Ja; Petrus und Barnabas, die zuvor einverstanden gewesen waren, nehmen ihr Wort unter Druck zurück. Geht es dabei um Tischsitten? Nein. Paulus sieht hier die Mitte der *Wahrheit des Evangeliums*. Gemäß der Wahrheit im Evangelium wurde der Messias gekreuzigt und auferweckt; und alle, die *im Messias* sind, wurden mit ihm gekreuzigt und auferweckt. Es gibt also eine neue Identität für alle, die *im Messias* sind. Sie sind die Leute-des-Messias, und keine andere Identität hat mehr Gewicht. Der Galaterbrief weist nichts von der Gerichtssituation auf, die wir im Römerbrief finden. Das bedeutet nicht, dass Paulus zu diesem Zeitpunkt nicht daran glaubte, sondern dass er in diesem Brief nicht darüber spricht. Er konzentriert sich auf den Bund. Hat Abraham eine Familie, oder zwei? Seine Antwort lautet offenkundig: Abraham hat eine Familie, nicht zwei, und diese Familie besteht aus allen, die an Jesus, den treuen Messias, glauben.

Das weist auf eine Frage von grundlegender ökumenischer Bedeutung hin. Wenn Paulus heute zurückkommen würde, so habe ich oft gesagt, wäre sein größter Schock bezüglich unseres kirchlichen Lebens sicherlich die Weise, wie wir uns fröhlich mit radikaler Uneinigkeit abgefunden haben, insbesondere am Tisch des Herrn. Für ihn wäre das eine Verleugnung des Evangeliums selbst. Dieser Punkt wurde in den Diskussionen über den Galaterbrief übersehen, weil nach Annahme der Exegeten Paulus in der Rede über Rechtfertigung darüber spricht, wie Menschen gerettet werden, über die Mechanik der Soteriologie. Das ist nicht der Fall. Im Galaterbrief schauen wir vorrangig durch die Linse des Bundes, nicht durch die Linse des Gerichts. Wenn Paulus also sagt: „Wir sind Juden von Geburt und nicht ‚heidnische Sünder', doch wir wissen, dass man nicht durch Werke des Gesetzes gerechtfertigt ist" (Gal 2,15f), nach Wright), dann wechselt er nicht das Thema. *Gerechtfertigt sein* meint hier *als Mitglied der Bundesfamilie gelten*. Dasselbe gilt übrigens in Phil 3. Die *Werke des Gesetzes* sind nicht moralisch gute Werke, die der besorgte Pelagianer so begierig erstrebt und der antinomistische Fideist so sorgsam verwirft. Es sind – wie Karl Barth in Band 4 der *Kirchlichen Dogmatik* sagt – die Werke, die den Juden von seinen heidnischen Nachbarn unterscheiden. Das schließt natürlich eine ethnisch eingeschränkte Tischgemeinschaft ein. Auf diese Frage bezieht sich Paulus.

In dieser Frage würde Paulus sich auch an uns wenden. Er würde darauf bestehen, dass alle, die zur Glaubensfamilie des Messias gehören, an denselben Tisch gehören, unabhängig von ihrem ethnischen oder kulturellen Hintergrund. Darum liegt eine solche Ironie darin, dass in den letzten fünfhundert Jahren die Rechtfertigungslehre selbst dazu benutzt worden ist, Christen voneinander zu trennen. Wenn man natürlich glaubt, dass zum Christ-sein als solchem das Festhalten an einer bestimmten Form von Soteriologie gehört, dann mag man eine Berechtigung finden, sich von denen fernzuhalten, die andere Lehren vertreten. Doch Paulus tut das nie. Was für ihn zählt, ist der Messias-Glaube, die Überzeugung, dass Jesus der Herr ist und dass Gott ihn von den Toten auferweckt hat. Alle, die diesen Glauben teilen, gehören an denselben Tisch, wo zweifellos viele andere Themen diskutiert und vielleicht sogar geklärt werden können. Doch Einheit als Tischgemeinschaft ist für ihn grundlegend. Das zu bestreiten, würde bedeuten, dass der Messias nicht hätte gekreuzigt werden müssen (Gal 2,21), denn die eigene Identität würde bleiben, was sie zuvor war. Kreuz und Auferstehung verändern alles.

Rechtfertigung ist also nicht nur etwas, worüber wir mit Hilfe einer eingehenden historischen Exegese zu einer Einigung fähig sein sollten. Im eigentlichen Sinne ist *Rechtfertigung die Lehre, die besagt, dass wir zusammengehören.* Die Lehre, die unser Zusammenbleiben betont, ist benutzt worden, um uns auseinanderzureißen. Mir ist bewusst, dass die Angelegenheit komplexer ist, aber vielleicht brauchen wir einige große einfache Wahrheiten, um uns auf den ökumenischen Pfad zurückzubringen. Und vielleicht ist heute ein guter Tag, um uns daran zu erinnern.

Replik: Simon Dürr

Viele der von Paulus verfassten Briefe zielten auf eine dem Christusglauben entsprechende Lösung von Konflikten ab, welche die Situation der Briefempfänger bestimmten. Von den ganz persönlichen Vermittlungsversuchen im Brief an Philemon bis zur Aufforderung im ersten Korintherbrief, doch bitte wegen Kleinigkeiten nicht gleich vor Gericht zu ziehen, vom Aufruf im Römerbrief, einander anzunehmen, trotz aller Uneinigkeit über den Stellenwert von Gemüse und Fleisch auf dem Speiseplan, bis zu der kämpferischen Verteidigung seines Evangeliums-Verständnisses im Galaterbrief, das gegen alle Widerstände in Anspruch nahm, dass in Christus diejenigen zusammen gehören, die üblicherweise durch soziale, kulturelle oder religiöse Unterschiede auseinandergehalten wurden – stets gehören zwischenmenschliche Konflikte, nicht zuletzt Konflikte, die sich aus unterschiedlichen Lehrauffassungen speisen, bei Paulus mit zu den Gründen, die ihn zur Abfassung des jeweiligen Briefes bewogen haben mögen. Dass Paulus selbst bei seinen Konfliktlösungsbeiträgen oft nicht gerade zimperlich vorging, wie ein Blick auf den schon erwähnten Galaterbrief oder den Philipperbrief bestätigen, erscheint vielleicht paradox. Wie ist diese von Paulus bei einigen Streitfragen an den Tag gelegte Toleranz mit der hartnäckigen Unerbittlichkeit in anderen Bereichen zusammenzubringen? Gerade im Themenbereich, der traditionell unter der Rubrik „Rechtfertigungslehre" diskutiert wird, schieden sich offenbar schon damals die Geister und die erhitzten Gemüter.

Der englische Historiker und Neutestamentler N.T. Wright befasst sich seit vielen Jahren mit der Theologie des Paulus, wobei das Thema der „Rechtfertigung" und die darum kreisenden Debatten einen wichtigen Schwerpunkt seines Forschens und Nachdenkens ausmachen – nicht zuletzt vor dem Hintergrund, dass Wright als ordinierter Bischof der anglikanischen Kirche selbst über viele Jahre in inneranglikanischen Debatten zu kirchlicher Einheit beteiligt war (etwa im Rahmen der 2008 stattfindenden Lambeth-Konferenz). In seinem anlässlich der Verleihung der Ehrendoktorwürde an der Universität Freiburg am 14. November 2014 gehaltenen Vortrag *Rechtfertigung. Gottes Plan und die Sicht des Paulus*, an dem viele Mitglieder der Landeskirchlichen Gemeinschaft Jahu teilnahmen, weist Wright auf die kontrovers geführten Debatten um das Verständnis der paulinischen Rechtfertigungslehre hin, die seit der Reformationszeit geführt wurden, und die durch die historischen, theologischen und philosophischen Bedingungen des Spätmittelalters und die vorfindliche Kirchensituation ihr spezifisches Gepräge und ihre spezifischen Fragestellungen erhielten.

Luther las die Paulusbriefe, insbesondere Teile des Römerbriefes und des Galaterbriefes, als Antworten auf die Fragen, die ihn bewegten: Wie konnte er sich als Einzelner seines Seelenheils gewiss sein, angesichts seiner als erdrückend empfundenen Sündenlast und vor dem Hintergrund der Sorge um das Leben nach dem Tod, mit den Möglichkeiten der Errettung oder ewigen Verdammung? Was bedeutet „Gerechtigkeit Gottes" und welche Rolle ist den „Werken" zuzuschreiben, verstanden als menschliche Bemühungen, sich das Heil zu verdienen? Auf der Linie des reformatorischen Schriftprinzips fand Luther in den paulinischen Briefen Antworten auf seine Fragen, die er wie selbstverständlich für die Fragen und Antworten hielt, die auch Paulus in Auseinandersetzung mit seinen Gegnern bewegt haben mussten. Insbesondere den paulinischen Aussagen zur „Gerechtigkeit Gottes" und zur „Rechtfertigung ohne Werke des Gesetzes", verstanden im Horizont lateinischer Gerechtigkeitskonzeptionen, kamen für Luther in seinem neuen Verständnis eine entscheidende Bedeutung zu und boten ihm eine Handhabe zur Verurteilung von missbräuchlichen Formen mittelalterlicher Ablasspraxis. Die dadurch angestossenen Prozesse und Entwicklungen mündeten nicht zuletzt in Kirchenspaltungen und teilweise blutigen Konflikten entlang konfessioneller Grenzen, bei denen gerade auch unterschiedliche Auslegungen der paulinischen „Rechtfertigungslehre" vorgeschoben werden konnten.

Die Deutung der paulinischen Aussagen zur Rechtfertigung ist auch heute noch Gegenstand intensiver Diskussionen. Ausleger wie Wright betonen dabei, dass Paulus, wenn er über die Gerechtigkeit Gottes spricht, eine andere Fragekonstellation im Blick hat, als die, die Luther umtrieb. Es ging Paulus demnach zwar *auch* um die Errettung des Einzelnen, aber innerhalb der grösseren Fragestellung eines Nachdenkens über die Abraham verheissene Familie, der in einer bundestheologischen Lektüre des Alten Testaments eine spezifische Rolle innerhalb der Heilspläne Gottes zukommt. Zudem ist für Paulus das eschatologische Koordinatensystem nicht auf die mittelalterlichen Pole „Himmel und Hölle" bezogen, sondern auf die neue Schöpfung und die Berufung der befreiten Menschheit innerhalb eines neuen Himmels und einer neuen Erde, auf die hin das „Gericht" als eine positive Ausrichtung auf die hereinbrechende Welt von Gottes Liebe verstanden werden darf.

Innerhalb der Landeskirchlichen Gemeinschaft Jahu wurde N.T. Wrights theologischer Deutungsentwurf, wie er ausschnitthaft im abgedruckten Vortrag zu Sprache kommt, auf breiter Basis rezipiert, vor allem im Bezug auf die eschatologische Perspektive einer neuen Schöpfung und dem daraufhin ausgerichteten christlichen Berufungsmoment, das sich aus einem um die ekklesiologischen und pneumatologischen Dimensionen erweiterten Verständnis von Rechtfertigung und Errettung ergibt. Damit wurden gewisse theologische Entwicklungen innerhalb der Landeskirchlichen Gemeinschaft Jahu an eine neutestamentliche Deutung rückgebunden und von einem anderen Bild- und Sprachhorizont her neu beleuchtet. Gerade bei Themenkreisen, die im Zuge der Geschichte der Landeskirchlichen Gemeinschaft Jahu zum Gegenstand von Konflikten wurden, konnte die Ausweitung der soteriologischen Fokussierung zum Ausgangspunkt von Entwicklungsprozessen werden, die sich mit der für ihr theologisches Selbstverständnis zunehmend zentralen Thematik des „Reiches Gottes" und der daraus gewonnenen Orientierung an ganzheitlicher christlicher Lebensgestaltung trafen. Einer Berufung zu einem Engagement im Bereich sozialer Gerechtigkeit oder im Blick auf ökologische Anliegen etwa wurde damit eine tiefere Verankerung auf dem für das Gemeinschaftsleben zentralen theologischen und lebenspraktischen Wertehorizont ermöglicht. Zu den angedeuteten Entwicklungsprozessen gehört auch die Entfaltung der in der Geschichte der Landeskirchlichen Gemeinschaft Jahu wichtigen ökumenischen Ausrichtung, die aus Wrights Deutung des paulinischen Rechtfertigungsdiskurses herausfordernde und ermutigende Denkanstösse erhalten kann.

Auf die Herausforderungen für ökumenische Reflexionen, die aus einer so verstandenen Rechtfertigungslehre des Paulus erwachsen, geht Wright gegen Ende seines Vortrags ein. Paulus' Behandlung von Rechtfertigung hat im Galaterbrief nicht die Errettung von Sünde im Blick, sondern das Thema der *einen* Familie Abrahams. Paulus insistiert darauf, dass christusgläubige Juden und unbeschnittene Heidenchristen an den selben Tisch gehören, dass Abraham eine Familie hat, nicht zwei und diese Familie aus allen besteht, die an „Jesus, den treuen Messias, glauben" (Wright, 132). Die Differenzen werden nicht verwischt oder aufgehoben, aber die Identität im gekreuzigten und auferstandenen Messias verbindet stärker als alle möglichen kulturellen, gesellschaftlichen, religiösen, ja sogar dogmatischen Trenngründe. Rechtfertigung bezieht sich auf die Zugehörigkeit zur Bundesfamilie Gottes, deren Zugehörigkeitsmerkmal der Glaube ist. Gerade mit Blick auf die Abendmahlsfrage macht Wright darauf aufmerksam, dass für Paulus „alle, die zur Glaubensfamilie des Messias gehören, an denselben Tisch gehören, unabhängig von ihrem ethnischen oder kulturellen Hintergrund" (Wright, 132). Übertragen auf den Umgang mit dogmatischen Differenzen hätte dieser paulinische Impuls erhebliches Potential: „Alle, die diesen Glauben [d. h. an Jesu Auferweckung und Herrsein, S.D.] teilen, gehören an denselben Tisch, wo zweifellos viele andere Themen diskutiert und vielleicht sogar geklärt werden können" (Wright, 133). Wright betont das tragische Paradox, das sich mit der paulinischen Rechtfertigungslehre verbindet, dass nämlich „in den letzten fünfhundert Jahren die Rechtfertigungslehre selbst dazu benutzt worden ist, Christen voneinander zu trennen" (Wright, 132). Bei einem Verständnis der paulinischen Rechtfertigungslehre im Sinne Wrights verschärft sich die paradoxe Tragik, da paulinische Rechtfertigung, wie in seinem Vortrag angedeutet, eigentlich zugleich mit einer soteriologischen eben auch eine ekklesiologische Botschaft enthält: „Im eigentlichen Sinne ist *Rechtfertigung die Lehre, die besagt, dass wir zusammengehören*" (Wright, 133). Denn nicht nur bin ‚ich durch Glauben gerettet', sondern ‚wir', und dieses ‚wir' des gemeinsamen Christusglaubens sollte, so Paulus' Appell, stärker wirken als konfessionelle oder dogmatische Differenzen, insbesondere wo diese die „Mechanik der Soteriologie" (Wright, 132) betreffen. Unterschiedlichen Auffassungen innerhalb der Glaubensfamilie scheint Paulus relativ viel Spielraum zuzugestehen, solange diese Differenzen nicht dazu führen, dass dem anderen der Glauben abgesprochen wird oder es zu einer kirchlichen Praxis prinzipieller und permanenter Trennung kommt, wo vonseiten des Paulus mit einem heftigen, unerbittlichen Widerstand gerechnet werden dürfte. Angesichts der Pluralisierung der Lebenswelten und Auffassungen in der Gegenwart und dem damit verbundenen Spannungs- und Konfliktpotential haben diese in Wrights Deutung der paulinischen Rechtfertigungslehre freigelegten Herausforderungen für die Landeskirchliche Gemeinschaft Jahu selbst, aber darüber hinaus für die weitere Ökumene, eine ungebrochene Aktualität als Aufruf zur Gemeinschaft.

VII „Ihr werdet meine Zeugen sein" (Apg 1,8)

Barbara Hallensleben

Christliche Mission als kirchliche und gesellschaftliche Erneuerung

„Ihr werdet meine Zeugen sein" – dieses Wort aus der Apostelgeschichte steht wie eine tröstliche Zusage über allen theologischen Reflexionen zum Verständnis christlicher Mission. Wie wir in der Bergpredigt die Zusage erhalten „Ihr *seid* das Salz der Erde und das Licht der Welt" – nicht: Ihr *sollt* es sein, so lautet auch hier das Wort des Auferstandenen an seine Jünger: „Ihr *werdet* meine Zeugen sein", nicht: Gebt euch Mühe, es zu sein!

Die Mitwirkung des *Studienzentrums für Glaube und Gesellschaft* am *Institut für Ökumenische Studien* der Theologischen Fakultät der Universität Freiburg trägt Früchte nicht zuletzt dadurch, dass die Aufmerksamkeit der theologischen Arbeit am Institut neu auf die Frage der Verkündigung, der Reform der Kirche und der Transformation des gesellschaftlichen Lebens gerichtet wird, kurz: auf die Mission. Ausdruck dafür war eine Vorlesung zum Thema „Mission als Grundbegriff der Dogmatik" im Frühjahrssemester 2015. Mehrere Gastreferenten aus verschiedenen theologischen Ausbildungsstätten der Schweiz trugen ihren jeweiligen Zugang zum Missionsverständnis vor. Die Beiträge zeigten eine deutliche Konvergenz:

1) Für alle Referenten war ein theozentrischer Zugang zur Mission entscheidend: Die sogenannte „missionale Theologie" benennt die „Missio Dei" als Quelle aller menschlichen Missionstätigkeit. Das bringt die Frage mit sich, wie menschliches Handeln der göttlichen Heilsbewegung gleichförmig wird und an welchen Kriterien es sich zu orientieren hat.

2) Die Neubestimmung der Mission geht einher mit einer entschiedenen Integration der Mission in die Mitte der kirchlichen Gemeinschaft. Das bringt die neue Frage mit sich: Wenn der gesamte Lebensvollzug der Kirche „Mission" ist, wird dann nicht der Aspekt der Selbstüberschreitung auf den anderen hin aufgehoben, der doch charakteristisch für „Mission" zu sein scheint?

3) In diesem Missionsverständnis sind Verkündigung des Evangeliums und Einsatz für sozialen Wandel und politische Befreiung keine prinzipiellen Gegensätze mehr, da Gott diese Welt liebt und sie für die

neue Schöpfung bestimmt hat. Und wiederum entstehen neue Aufgaben für Reflexion und Handeln: Wie bleibt in den konkreten Umständen des kirchlichen Handelns der eschatologische Überhang der Verkündigung gegenüber dem Einsatz für die gesellschaftliche Erneuerung sichtbar?

Dieser Beitrag geht vom II. Vatikanischen Konzil und seiner theologischen Rezeption im Bereich der katholischen Kirche aus und zeigt skizzenhaft, wie das Konzil dieselbe Erneuerung des Missionsbegriffs initiierte, indem es die Mission in das Selbstverständnis und den Selbstvollzug der Kirche in theozentrischer Perspektive integriert und Antworten auf die neu gestellten Fragen gibt.

Das II. Vatikanische Konzil wird nicht zuletzt deshalb gewürdigt, weil es Trennungen innerhalb der Kirche zugunsten einer tieferen Gemeinsamkeit überwindet: An die Stelle der Aufspaltung zwischen Hierarchie und Laien tritt das Volk Gottes in seiner gemeinsamen Sendung und Pilgerschaft, das gemeinsam Anteil hat am dreifachen Amt Christi als Priester, Prophet und König und deshalb mit einem „übernatürlichen Glaubenssinn" ausgestattet ist. An die Stelle der Aufspaltung zwischen einem „Weg der Gebote" und einem höherrangigen „Weg der Räte" tritt die gemeinsame Berufung zur Heiligkeit und zum Zeugnis für die „Welt von heute" (Gaudium et Spes). An die Stelle der konfessionellen Abgrenzung tritt die Teilnahme am Gebet und der Sehnsucht Jesu Christi, dass im Heiligen Geist „alle eins seien […]; damit die Welt glaube, dass Du mich gesandt hast" (Joh 17,21, Lu 84). Statt der Entgegensetzung zwischen Kirche und Welt wird der allgemeine Heilswille Gottes betont, der sich auf die ganze Schöpfung bezieht. Ein neuer Umgang mit Differenzen zeigt sich auch dort, wo diese über die Gemeinschaft der Christen hinausgehen: im Verhältnis zum Judentum und zu den Religionen, in der Anerkennung der Religionsfreiheit selbst dann, wenn sie sich gegen das christliche Bekenntnis wendet. Dies geschieht ohne Aufhebung des Bekenntnisses, „dass diese pilgernde Kirche zum Heile notwendig ist", denn „Christus allein ist Mittler und Weg zum Heil, der in seinem Leib, der Kirche, uns gegenwärtig wird" (Lumen Gentium 14). Umso drängender wird der Ruf zum missionarischen Zeugnis:

> „Wenngleich Gott Menschen, die das Evangelium ohne ihre Schuld nicht kennen, auf Wegen, die er weiß, zum Glauben führen kann, ohne den es unmöglich ist, ihm zu gefallen, so liegt also doch auf der Kirche die Notwendigkeit und zugleich das heilige Recht der Evangeliumsverkündigung" (Ad Gentes 7).

In nachkonziliarer Zeit trat die Betonung der Vielfalt in den Horizont eines fundamental pluralistischen Weltbildes, dem der Missionsauftrag unverständlich bleibt. Paradoxerweise lässt sich diese Weltsicht als eine neue Form der Vergleichgültigung des Anderen deuten: Zwar wird die Andersheit der Anderen nicht mehr bekämpft und unterdrückt, doch steht sie beziehungslos neben der eigenen Identität. In diesem Spannungsfeld des Umgangs mit Einheit und Differenz, Identität und Andersheit, bewährt sich das sakramentale Verständnis der Kirche: Weil die Einheit der Kirche nicht in einem innergeschichtlichen Prinzip gründet, sondern in der Einheit des dreifaltigen Gottes, ist sie nicht Uniformität, nicht tautologische Identität, sondern Communio in Freiheit. Weil ihre Vielfalt keine additive äußerliche Aneinanderfügung darstellt, sondern *Communicatio* im gemeinsamen Raum der Wahrheit, steht sie nicht im Konflikt mit der Einheit, sondern ist deren Verwirklichung. Ja, es ist nicht verwunderlich, dass im Unterschied zu einer mythisch-religiösen Weltsicht das Christentum geradezu im Zeichen der Differenz in die Geschichte eintritt. Die Geschichte Israels ist im Unterschied zu den Religionen seiner Umgebung Ort der Erfahrung und Bewährung der Differenz zwischen Jahwe und seinem Volk, die durch die freie Erwählung Jahwes und durch sein unableitbares und oft unerwartetes Handeln in der Geschichte konstituiert wird. Diese Differenz wird durch die Selbstoffenbarung Gottes in Jesus Christus nicht aufgehoben, sondern bekräftigt und als Ort der Realgegenwart des Vaters als des Anderen bezeugt: „Wer mich gesehen hat, hat den Vater gesehen" (Joh 14,9). Die Realgegenwart des Anderen als Anderen ist es, was die Kirche unter „Sakrament" versteht. Das Sakrament ist die Höchstform der Einheit in der Gestalt der Differenz. Die Kirche ist Sakrament, insofern sie ihre *Communio* als *Communicatio* mit dem Vater durch den Sohn im Heiligen Geist vollzieht

– *in der Differenz der Endlichkeit*, indem sie ihr geschöpfliches Dasein und ihre Erlösung als Selbstmitteilung Gottes je neu dankend empfängt und im Lob der Herrlichkeit Gottes vollzieht: Schöpfung ist Armut als potentielle Sakramentalität;

– *in der Differenz der Sünde*, indem sie ihr mangelndes Vertrauen auf die Gegenwart Gottes in tätiger Umkehr bereut und die Liebe Gottes als Barmherzigkeit und Vergebung je neu empfängt: Sünde ist verweigerte Sakramentalität;

– *in der Differenz der Verheißung,* insofern sie den Verheißungsüberschuss der je größeren Fülle Gottes in der Geschichte bezeugt und ihr in der Teilnahme an der Sendung des Sohnes und des Geistes entgegeneilt: Die neue Schöpfung ist erfüllte Sakramentalität.

Alle Aspekte der Differenz sind Ausdruck der Freiheit, sei es als gelungene oder als verfehlte. Erst in der Annahme der wesentlichen Differenz der Freiheit zwischen Schöpfer und Schöpfung kann die in dieser Freiheit ermöglichte Einheit gewürdigt werden

– als wachsende Integration des gesamten geschichtlichen Selbstvollzugs der Kirche in die *Communio* mit dem dreifaltigen Gott;

– als wachsende Innerlichkeit, in der Menschen und Menschheit in die Annahme und Ansage des Heils einbezogen sind;

– als wachsende Verbundenheit der Schöpfung in der Fülle und Differenzierung der sakramentalen Zeichen der realen Gegenwart Gottes in seiner Schöpfung.

Giorgio Agambens prägnante Formulierung beschreibt in diesem Sinne die Grunderfahrung des christlichen Glaubens: „*Religio* ist nicht das, was Menschen und Götter verbindet, sondern was darüber wacht, dass sie voneinander unterschieden bleiben".[113] Gerade in diesem Sinne kann das Grundwort der Ökumenischen Bewegung – „damit sie alle eins seien" (Joh 17,21, LU 84) – auch auf Gottes gesamten Heilsplan bezogen werden: Die Schöpfung soll in all ihrer Vielfalt als Spiegel der „vielfältigen Weisheit Gottes" (Eph 3,10) eins sein, wie Gott in der Einheit des dreifaltigen Lebens eins ist. Die Differenz der Endlichkeit zwischen Schöpfer und Schöpfung ist die Bedingung der Möglichkeit für deren größtmögliche Einigung. Die Gnade dieser Einigung, die in Jesus Christus als „hypostatische Union" ihren einmaligen Sonderfall und zugleich ihre Grundlegung erhält, steht durch Gottes Geist der Schöpfung offen und ist zu beschreiben als gegenseitige perichoretische Einwohnung des Schöpfers in der Schöpfung und der Schöpfung im Schöpfer. Christliche Mission ist Ausdruck der handelnden Anerkennung der Differenz der Sünde und der Differenz der Verheißung, die einen Weg zur Vollendung nötig machen und ermöglichen. Mission ist Ausdruck unbedingter Hoffnung für die ganze Schöpfung.

---

[113] Giorgio Agamben, Profanierungen, Frankfurt a.M. 2005, 72.

Der Prozess der im Glauben gesuchten Begegnung mit dem Anderen in seiner Differenz dient also nicht der Selbstdurchsetzung der Kirche, sondern ist Ausdruck des Vertrauens, dass die Vielfalt der Schöpfung sich in je erfüllterer sakramentaler Gestalt zeigen kann und zeigen wird. In diesem Geschehen offenbart sich damit auch für die Kirche je tiefer, wer sie ist, geht sie doch in die Begegnung ein in ihrer Endlichkeit und Differenz gegenüber ihrem Gott und Herrn. Nach dem Zeugnis der Heiligen Schrift hat die Kirche in ihrer Sendung damit zu rechnen, dass sie einen Prozess der Krisis auslöst, der in einen eschatologischen Kampf mit den Mächten der in sich selbst verschlossenen Welt hineinführt. Sie darf darauf vertrauen, in der Kraft des Kreuzes Anteil zu erhalten an dem Sieg Christi: „Wer sonst besiegt die Welt, außer dem, der glaubt, dass Jesus der Sohn Gottes ist?" (1 Joh 5,5).

Auf diesen Hintergrund lassen sich vier Thesen zur Mission formulieren:

1. Der Raum für das missionarische Wirken der Kirche ist gegenwärtig von einer Ambivalenz zwischen der Betonung von religiöser Pluralität, Vielfalt und Andersheit einerseits und einer neuen Xenophobie andererseits gekennzeichnet.

Die gegenwärtige Kultur, insofern sie als Postmoderne benannt wird, versteht sich als eine Epoche, die sich nicht mehr krampfhaft als „modern" gegen eine altmodisch gewordene Vor–Moderne absetzen will. Die postmoderne Denkform hat keine Berührungsängste gegenüber Ausdrucksformen religiösen Lebens. Sie gefällt sich darin, spielerisch frei und provokativ verfremdend mit religiösen Elementen umzugehen, bis hin zur Verletzung religiöser Gefühle glaubender Menschen. Einer der führenden Philosophen der Postmoderne, Gianni Vattimo, spricht z.B. von seiner „nihilistische[n] Wiederentdeckung des Christentums"[114], die ihn in einer Eisdiele zu der Einsicht hat kommen lassen, dass er „glaubt zu glauben".

Dieser neuen Religionsfreundlichkeit stehen neue Erscheinungsformen der Xenophobie gegenüber, die offenbar aus der Ambivalenz der Pluralität hervorgeht: Diese bringt ja nicht allein eine Bereicherung durch spielerisch zu entdeckende Vielfalt mit sich, sondern auch über-

---

[114] Gianni Vattimo, Credere di credere, Milano 1996; dt.: Glauben – Philosophieren, Stuttgart 1997, 27.

fordernde Fremdheit, Unsicherheit und Verlustängste hinsichtlich der eigenen Identität, Mangel an Information und an kommunikativer Kompetenz, Erfahrungen von Bedrohung durch gewaltförmige Erscheinungsformen von Religion. Säkularität als offene Plattform für den Dialog, ja für den konstruktiven Disput der Weltanschauungen weicht dem Säkularismus, der der neuen Unübersichtlichkeit durch Ausschluss von „normative claims" (Miroslav Volf), von unbedingten Bekenntnissen, gegenübertritt. Gerade in traditionell christlichen Regionen ist die Verunsicherung offenbar besonders groß. Denn im öffentlichen Erscheinungsbild stehen nicht etwa fromme, überzeugte Christen frommen, überzeugten Religionsanhängern gegenüber. Eher trifft eine Anzahl von religiös engagierten Gruppierungen und Einzelnen auf eine eher „unreligiös" und halbherzig gewordene Gestalt christlichen Lebens.

Die neue Wahrnehmung der Endlichkeit und Sterblichkeit des Menschen, der Menschheit, ja unseres Planeten kann allerdings auch als ein neuer Anknüpfungspunkt für christliche Mission gewertet werden. Kontingenzbewältigung ist zu einer zentralen Aufgabe geworden. Eine Gesellschaft nach dem Ende des Optimismus ist eine Gesellschaft auf der Suche nach Hoffnung. Zurückgeworfen auf die eigene Bedingtheit, kann das Fragen nach dem Unbedingten einsetzen. Hier liegt möglicherweise ein Anknüpfungspunkt für christliche Mission. Die religionsfreundliche Situation erinnert an Paulus auf dem Areopag, der zu den Athenern angesichts ihrer vielen Tempel sagen kann: „[N]ach allem, was ich sehe, seid ihr besonders fromme Menschen. Denn als ich umherging und mir eure Heiligtümer ansah, fand ich auch einen Altar mit der Aufschrift: EINEM UNBEKANNTEN GOTT. Was ihr verehrt, ohne es zu kennen, das verkünde ich euch" (Apg 17,22f). Doch wie ergeht es dem Paulus? Seine Anknüpfung an das religionsfreundliche Milieu gelingt nicht oder nur sehr begrenzt: „Als sie von der Auferstehung der Toten hörten, spotteten die einen, andere aber sagten: Darüber wollen wir dich ein andermal hören. So ging Paulus aus ihrer Mitte weg. Einige Männer aber schlossen sich ihm an und wurden gläubig" (Apg 17,32–34).

2. Mit seiner Verkündigung des Kreuzes und der Auferstehung bleibt das Christentum jeder Kultur gegenüber notwendig fremd, weil es die tiefste Unkultur des Todes wie die höchste Kultur des Lebens überbietet. „Religionskritik" ist an allen religiösen Phänomenen zu üben, die dem Ärgernis des Kreuzes oder der unglaublichen Botschaft der Auferstehung nicht ge-

recht werden. Diese Religionskritik ist ureigene Aufgabe des Christentums selbst.

Paulus scheitert in religionsfreundlicher Gesellschaft in Athen an seiner Botschaft der Auferstehung, in Korinth an der Botschaft des Kreuzes. Er scheitert in seiner Mission an dem, was sich nicht inkulturieren lässt, weil es die Grenze der Kultur überschreitet: das Kreuz, indem es der Kultur ihren Tod ankündigt, die Auferstehung, indem sie ein Leben verkündigt, das die Kultur sich nicht selbst geben kann. Das Christentum, insofern es in Kreuz und Auferstehung Jesu Christi gründet, bleibt jeder Kultur gegenüber fremd, ja *muss* ihr gegenüber fremd bleiben.

Das gilt auch für jede tatsächlich christlich geprägte Kultur: Indem Kreuz und Auferstehung Christi als Maßstäbe an sie angelegt werden, ist sie zu einer ständigen Religionskritik an ihren eigenen kulturellen Erscheinungsformen aufgerufen. Christliche Mission in ihrer religionskritischen Aufgabe erweist ihre Glaubwürdigkeit in einer Religionskritik am Christentum selbst. Dazu gibt uns die Heilige Schrift des Alten und Neuen Testaments reiche Anhaltspunkte. Ich beschränke mich darauf, Röm 12,2 zu zitieren, wo zur permanenten Selbstkritik der Glaubenden gegenüber ihrer eigenen Weltgestalt aufgerufen wird: „Gleicht euch nicht dieser Welt an, sondern wandelt euch und erneuert euer Denken, damit ihr prüfen und erkennen könnt, was der Wille Gottes ist: was ihm gefällt, was gut und vollkommen ist".

3. Mission dient nicht zuerst der Bekehrung anderer, sondern ist zuerst und zuletzt Ausdruck eigener Bekehrung. Deshalb sind Mission und Gemeinschaft sowie Mission und Ökumene keine Gegensätze, sondern bedingen einander.

In den biblischen Berichten sind die Begegnungen mit dem Auferstandenen nicht Momente von Glück und Erfüllung, sondern flüchtige Augenblicke zwischen Zweifel und Hoffnung. Die Schlussszene des Matthäus-Evangeliums macht das besonders deutlich: „Die elf Jünger gingen nach Galiläa auf den Berg, den Jesus ihnen genannt hatte. Und als sie Jesus sahen, fielen sie vor ihm nieder. Einige aber hatten Zweifel" (Mt 28,16f). Gegen diesen Zweifel erfolgt die Sendung durch den Auferstandenen – und gerade deshalb bedarf Maria der Sendung nicht: Die Antwort, zu der das Ärgernis der Auferstehung ruft, ist der Glaube in Gestalt der Sendung *zu allen Völkern*. Die Sendung ist die Brücke zwischen dem nicht festzuhaltenden Auferstandenen und der noch nicht in uns vollendeten Auferstehung. Sie ist ein eschatologisches Geschehen, das die Hoffnung auf Vollendung wach hält.

So zeigt sich in der Sendung im vollen biblischen Sinne geradezu eine Umkehrung der verengten Auffassung von Mission: Gesandt ist die Kirche, gesandt sind wir nicht nur und nicht zuerst zum Zeugnis gegen den Unglauben anderer, sondern zuerst gegen den eigenen Unglauben. Sendung ist Umkehr in die Lebensrichtung Christi hinein. Wer zum Glauben an den auferstandenen Christus gerufen ist, erhält wie Maria Magdalena die Sendung Jesu, den Brüdern und Schwestern die Botschaft der Auferstehung zu bringen, auch wenn sie als Geschwätz abgetan werden sollte, und darin den eigenen Glauben zu bewähren. Die Auferstehung erschließt sich denen, die aufbrechen: „Er geht euch voraus nach Galiläa; dort werdet ihr ihn sehen" (Mt 28,7; vgl. Mk 16,7). Der Aufbruch in das Land der armen Leute, zu den Armen, ist Frucht des anfänglichen Glaubens und führt zu einer je tieferen Erfahrung des Auferstandenen.

Wenn die Sendung der Kirche die Einkehr in die Lebensrichtung Christi ist, dann ist sie nicht etwa eine Gegenbewegung zur Sammlung des Volkes Gottes, sondern bedarf dieser Gemeinschaft und bringt sie hervor. Kirche ist die Gemeinschaft derer, die in Jesus Christus dazu bereit sind, miteinander und füreinander sein Kreuz zu tragen und so die Kraft seiner Auferstehung sichtbar werden zu lassen. Ebenso gilt, dass Mission und Ökumene aus derselben Wurzel leben: Ohne die Bereitschaft, die im Geist Jesu Christi geschenkte Versöhnung unter uns Christen selbst wirksam werden zu lassen, bleibt unser Zeugnis unglaubwürdig.

Die inneren Zweifel und die äußeren Widerstände sollten unser christliches Zeugnis nicht verunsichern, sondern es reinigen und vertiefen. Wir werden ja dadurch – um mit Dietrich Bonhoeffer zu sprechen – zurückgeworfen auf die „Anfänge des Verstehens":

> „In den überlieferten Worten und Handlungen ahnen wir etwas ganz Neues und Umwälzendes, ohne es noch fassen und aussprechen zu können. Das ist unsere eigene Schuld. Unsere Kirche, die in diesen Jahren nur um ihre Selbsterhaltung gekämpft hat, als wäre sie ein Selbstzweck, ist unfähig, Träger des versöhnenden und erlösenden Wortes für die Menschen und für die Welt zu sein. Darum müssen die früheren Worte kraftlos werden und verstummen, und unser Christentum wird heute nur in zweierlei bestehen: im Beten und im Tun des Gerechten unter den Menschen. Alles Denken, Reden

und Organisieren in den Dingen des Christentums muss neugeboren werden aus diesem Beten und diesem Tun".[115]

Mission bedeutet nicht, unsere großartigen Einsichten weiterzusagen, sondern: den Mut haben, von dem zu sprechen, was uns selbst schwer über die Lippen geht und uns unglaublich erscheint. Mission bedeutet: im Beten und im vielleicht sehr verborgenen Tun des Gerechten das Kommen der Stunde Gottes vorzubereiten. Mission bedeutet: Gott zuzutrauen, auch das Kreuz unserer Unfähigkeit nach seinem Willen in Leben und Herrlichkeit wandeln zu können.

4. *Nicht das Christentum in seiner Gestalt als Religion, sondern Jesus Christus in seinem Heiligen Geist lässt neue Kulturen entstehen, die stark genug sind, Kulturelemente nicht-christlichen Ursprungs zu integrieren und zu transformieren. Nicht wir inkulturieren Christus, sondern Jesus Christus schafft sich durch seinen Geist in uns und durch uns einen Leib und eine Kultur.*

Es liegt etwas Wahres und aus der Kirchengeschichte Vertrautes darin, wenn Christen als „unreligiös" in einer religionsfreundlichen Gesellschaft erscheinen. In der Frühzeit der Kirche wurden die Glaubenden nicht selten als „Atheisten" angeprangert, weil sie sich den öffentlichen Religionsformen nicht unterwarfen. Jesus Christus ist nicht der Gründer einer neuen Religion, sondern der Grund der erlösten Menschheit und der neuen Schöpfung. Das Christentum trägt die Züge einer Religion, aber es geht nicht auf in den äußeren Formen der Gottesverehrung. Diese Formen sind vielmehr „Sakramente" der verborgenen Gegenwart des Geistes Gottes in seiner ganzen Schöpfung. Ein römisches Dokument zur Vorbereitung des Jahres 2000 traut daher den Christen zu, einer Kultur den Weg zu bereiten, „die imstande ist, die anderen menschlichen und religiösen Kulturen aufblühen zu lassen und in die Zivilisation der Liebe zu verwandeln".[116]

Von seinen Ursprüngen an hat der christliche Glaube sich nicht einfach in bestehende Kulturen integriert, sondern hat selbst neue Kulturen entstehen lassen. Wenn wir heute von der hellenistischen, der germanischen und der slawischen Kultur sprechen, meinen wir ihre Gestalten,

---

[115] Dietrich Bonhoeffer, Widerstand und Ergebung, Gütersloh [15]1994, 156f.
[116] Jesus Christus. Wort des Vaters, hg. von der Historisch-Theologischen Kommission für das Heilige Jahr 2000, Regensburg [2]1997, 162f.

die sie durch die Begegnung mit dem Christentum erhalten haben! Die missionarische Ausrichtung des Christentums besteht daher nicht darin, Bezüge zwischen einer christusfernen Kultur und einem kulturlosen Christentum nachträglich herzustellen. Mission bedeutet vielmehr, die kulturschaffende Kraft des christlichen Glaubens neu zu wecken bzw. zu erflehen im Heiligen Geist. Damit gerät unser missionarischer Auftrag in eine adventlich-eschatologische Bewegung: Jesus Christus wird nicht nach unseren Plänen und Einsichten von uns inkulturiert, sondern er wird im Heiligen Geist empfangen, zur Welt gebracht, verkündigt. Unsere missionarische Aufgabe besteht darin, ihn als den innersten Träger und Retter der Kulturen zu verkündigen. Unsere missionarischen Handlungskonzepte dürfen nicht geist-los und gnaden-los werden.

In diesem Zusammenhang gewinnt das biblische Motto dieses Beitrags seine Bedeutung: Der Auferstandene begegnet seinen Jüngern, die den Sinn der Geschehnisse noch gar nicht begriffen haben. „Herr, stellst du in dieser Zeit das Reich für Israel wieder her?", fragen sie. Gegen ihr Unverständnis gibt er ihnen die Verheißung: „[I]hr werdet die Kraft des Heiligen Geistes empfangen, der auf euch herabkommen wird; und ihr werdet meine Zeugen sein" (Apg 1,6.8). In Jesu Worten liegt eine bemerkenswerte Parallele zur Verkündigung des Engels an Maria: „Der Heilige Geist wird über dich kommen, und die Kraft des Höchsten wird dich überschatten" (Lk 1,35). „Die Verbindung [*eperchomai epi*] kommt im NT nur bei Lukas vor, in Lk 1,35 und Apg 1,8 vom Kommen des Geistes; eine beabsichtigte Korrespondenz beider Aussagen ist nicht auszuschließen", heißt es in einem exegetischen Kommentar.[117] Wie Maria vom Geist Gottes befähigt wird, Mutter Jesu zu werden, so nimmt der vollendete Leib Christi, die erlöste Menschheit, die neue Schöpfung, ihren Anfang in der Geistsendung zu den Jüngern, die die Kirche konstituiert und sie zur Gottesmutterschaft befähigt. Pfingsten bedeutet die Berufung der Kirche und durch sie der ganzen Schöpfung zur Gottesgeburt aus der Schöpfung, die die Vollgestalt der Mission ist. Aus dem Verheißungsüberschuss des Pfingstfestes lebt die Sendung der Kirche bis heute.

---

[117] Gerhard Schneider, Die Apostelgeschichte, Teil 1, Freiburg 1980, 202, Anm. 37.

Replik: Nicolas Matter

(1) Das Pendel: Mission war für die Landeskirchliche Gemeinschaft Jahu von Anfang an ein klarer Imperativ. Die jungen Menschen, die zusammen die Jugendgruppe Jahu gründeten, waren selbst frisch bekehrte Jugendliche, die ihren Auftrag, andere mit der ihnen zuteil gewordenen Frohen Botschaft zu erreichen, als selbstverständlich ansahen. Früh wurden Kontakte zu Missionsgemeinschaften hergestellt. Konsequenterweise wurde JMEM (Jugend mit einer Mission) zu einem der stärksten Einflüsse in der zweiten Phase der Gemeinschaft. Mission war also selbstverständlich und wurde auch mit viel Hingabe praktiziert.

Die Frage nach der Mission wurde zu einer immer mehr diskutierten Thematik. Während früher das Hauptanliegen darin bestand, den Menschen die frohe Botschaft zu bringen, damit sie gerettet würden, kam die Frage nach der Bedeutung von Rettung neu auf. Durch interne Prozesse sowie den Anstoss einiger Theologen und deren Werke begann ein Reflexionsprozess über die Notwendigkeit und Möglichkeit von Mission und deren Bedeutung. Rettung wurde mehr und mehr als ganzheitliche Rettung gesehen und der Fokus wurde von der Verkündigung der frohen Botschaft verschoben hin zum Wohlergehen des Menschen in der Gegenwart. Es gab also eine Verschiebung von einer futurischen Hoffnung zu einer präsentischen. Obwohl zu keiner Zeit eine „Weltflucht" vertreten wurde, lag früher die Intention hinter der Verkündigung tendenziell in der Rettung der Menschen für die Ewigkeit, während neu die Absicht von Mission im Wohlergehen des Menschen in der Gegenwart lag. Der Pendelschwung ging nun in eine Richtung, in der die Versuchung aufkam, dass die Verkündigung der praktischen Hilfeleistung weichen müssen würde. In dieser Zeit wurde die soziale Gerechtigkeit als neues Hauptmittel für Mission gefunden. Obwohl dies einerseits eine zu begrüssende Entwicklung war, ist es doch kein ganzheitlicher Ansatz von Mission.

(2) Inhalt und Form: Der wohl grösste Kritikpunkt, der zu Recht an älteren Missionskonzepten gemacht wurde, war, dass die Form dem Inhalt oft nicht gerecht wurde. Besonders in der amerikanischen Missionskultur gab es oftmals Formen der Verkündigung, die der Liebe des zu Verkündigenden diametral widersprachen. So gibt es auch heute noch

sogenannte Hassprediger[118], deren Ziel es ist, die Menschen zu warnen, dass sie in die ewige Verdammnis kommen. Eine solche Verkündigung jedoch beruht nicht auf der Liebe und widerspiegelt nicht die Frohe Botschaft, sondern ängstigt die Menschen, wenn sie sich heute dadurch noch ängstigen lassen, und üben einen Zwang aus, der nicht mit der Verkündigung Jesu in Einklang zu bringen ist.

Es war das Bemühen der Jahu–Gemeinschaft, sich von lieblosen Formen der Verkündigung, die in der Art der Hasspredigt zu keiner Zeit in der Gemeinschaft anzutreffen waren, zu distanzieren und selbst neue Formen zu suchen. In diesem Prozess der Formfindung befindet sich die Gemeinschaft nach wie vor. Die grosse Gefahr dabei liegt darin, dass die Verkündigung aufgrund eines Agnostizismus gegenüber der Verkündigungsform eingestellt wird.

(3) Kunst als Form: In diesem Reflexionsprozess über die Form der Verkündigung spielte von Anfang an die Kunst als Sprache eine grosse Rolle. Schon in der ersten Phase der Gemeinschaft war Kunst ein Mittel, um Menschen zu erreichen.

Die Kunst hatte schon immer einen sehr hohen Stellenwert in der Welt. Leider gab es auch Phasen, während denen sie gerade in christlichen Kreisen eher verpönt war. Wenn Kunst richtig eingesetzt wird, kann sie die Menschen dort erreichen, wo sie sich befinden. Kunst ist multilingual und kann ausdrücken, was Worte oftmals nicht können. Die Gefahr darin besteht in der Konsumhaltung, die bei künstlerischen Darbietungen oft aufkommt. Auch Kunst kann zur reinen Unterhaltung werden. Der Konsumierende muss nicht antworten. Er muss nicht reagieren.

Wenn die Kunst als Form von Verkündigung nur auftischt, dann besteht dieselbe Gefahr wie bei früheren Konzepten, wo die Wahrheit den Menschen einfach vorgetragen wird. Es kann sich dabei um zwei Seiten einer Münze handeln, die sehr verschieden aussehen, aber schlussendlich doch nur präsentieren. Wenn aber gute Arten gefunden werden können,

---

[118] Eine berühmte Gruppe (und ein Extrembeispiel) in den USA ist die Westboro Baptist Church, die es sich zum Ziel gesetzt hat, allen und jedem die Verdammnis und den Hass Gottes zu predigen. Dabei schrecken sie vor wenig zurück und widersprechen mit ihren Plakaten auf allen Ebenen der christlichen Botschaft.

wie Kunst als Form für Verkündigung gebraucht werden kann, dann wäre dies sehr zu begrüssen.

(4) Impulse aus dem Beitrag von Barbara Hallensleben für die Jahu-Gemeinschaft: Eigenes Bekenntnis als Bewährung des Glaubens und die Dialogizität der Mission.

Einer der wichtigsten Punkte aus dem Beitrag von Barbara Hallensleben auf die Jahu-Gemeinschaft bezogen ist die Blickrichtungsänderung weg von den zu missionierenden „Objekten" hin zur Wichtigkeit von Mission und Sendung für die Gemeinde und den gläubigen Menschen selbst. Mission als Ausdruck der eigenen Bekehrung und Prüfstein des Glaubens scheint mir ein wesentlicher und leider oft vergessener Aspekt der Mission zu sein. Die Sendung, die als Zwischen des Vergangenen und des Kommenden fungiert, wird somit zum Konstituens der Kirche. Somit gibt es nicht die Dualität des Draussen- und des Drinnenseins, sondern die Verkündigung wird zum Dialog mit dem Anderen. Die Verkündigung des eigenen Glaubens wird ausgedrückt in einem Sprachgeschehen, das uns auch selbst immer wieder überrascht und uns das *unglaubliche Geschehen* des Christusereignisses immer wieder neu von aussen zuträgt. Erst in diesem Aussprechen desjenigen, was uns selbst immer wieder herausfordert, da es uns nicht als Altbekanntes, sondern als immer Neues, Herausforderndes, Fremdes begegnet, wird dem gläubigen Menschen seine Endlichkeit bewusst, die wiederum am Anfang aller Religion steht. Nicht etwa das Staunen, sondern die Anerkennung der Endlichkeit und das Aufgeben der absoluten Kontrolle ist der Anfang des Glaubens. Gerade in unserer Zeit, in der die menschliche Erfahrung eine grosse Rolle spielt, kann die Kirche bei den Menschen von heute dort anknüpfen, wo sie auch bei sich selber immer wieder anknüpfen muss, nämlich bei der Endlichkeitserfahrung aller Menschen. Auf dieser Ebene kann Verkündigung gelingen.

So kommt auch das Risiko nicht auf, das bei früheren Missionskonzepten da war, dass die Kirche mit der ganzen Wahrheit die nichtwissenden Menschen „missioniert". Die Kirche missioniert sich zuallererst selbst durch dieses Bekenntnis und durch das Bezeugen des Christusereignisses. Dort wo die Kirche sich selbst nicht als Wahrheitsbesitzende und Wahrheitshütende sieht, sondern als relationale und wahrheitsbewährende Grösse, kann ein echter Dialog entstehen. Derjenige, an den sich die Verkündigung richtet, muss ernst genommen werden als Mensch mit seinen eigenen Lebenserfahrungen und seinem eigenen

Deutungshorizont. Durch diesen Anderen werde ich selbst missioniert. So wird aus dem Vortrag ein wirkliches Gespräch, das alle Teilnehmenden verändert.

(5) Ökumene: Damit wir als Gemeinschaft von den Menschen von heute ernst genommen werden, ist es unabdingbar, die Einheit der Christenheit zu suchen und zu fördern. Seit längerer Zeit ist die Jahu-Gemeinschaft in der Ökumene tätig. Der Beitrag von Barbara Hallensleben zeigt auch bei der Ökumene, dass diese nicht eine Form von Mission oder Sendung ist, sie ist vielmehr Bedingung der Möglichkeit einer gelingenden Verkündigung. „Daran werden alle erkennen, dass ihr meine Jünger seid, wenn ihr einander liebt" (Joh 13,35). Wenn wir dieses Bibelwort ernst nehmen, dann ist die Bewegung zu unseren Mitchristen hin nichts Zusätzliches im christlichen Leben, sondern vielmehr das Fundament.

(6) Religionskritik: Religionskritik als ureigene Aufgabe des Christentums fordert uns heraus, immer wieder unsere eigenen Formen und Inhalte am Massstab des Kreuzes und der Auferstehung zu messen. Die Erneuerung des Denkens (Röm 12,2) ist seit einiger Zeit einer unserer Leitsätze. Das lebenslange Lernen und sich weiterbilden ist eine der Stärken der Jahu-Gemeinschaft. Die Anzahl an Schulungen und Weiterbildungen, die in der Gemeinschaft immer wieder organisiert und besucht werden, bezeugen dies. Gleichzeitig kann es herausfordernd sein, die immer neue, von aussen kommende Botschaft des Kreuzes und der Auferstehung auch wirklich als Korrektiv und nicht nur als Altbekanntes aufzunehmen.

(7) Beten, Tun und Verkündigung: Ganzheitliche Mission besteht weder bloss in der Verkündigung noch allein im *Tun des Gerechten* oder im Gebet. Um nachhaltige Mission zu betreiben, braucht es jede dieser drei Dimensionen. Das Tun des Gerechten kann umschrieben werden als die soziale Verantwortung gegenüber unseren Mitmenschen und gegenüber unserer Umwelt. Nur wenn die Kirche die soziale Not der Menschen wahrnimmt und ihnen in diesen Nöten beggenet, werden diese Menschen ganzheitlich wahrgenommen.

Die Verkündigung ist die zweite im Bunde und darf auf keinen Fall auf Kosten der sozialen Verantwortungswahrnehmung aufgegeben werden. Sie ist wesentlicher Bestandteil von Mission und konstituiert die Kirche selbst als Zeugnis ablegende Kirche.

Schliesslich erhält die Verkündigung wie das Tun des Gerechten durch das Gebet ihre Kraft. Es ist unabdingbar, dass die wirklichkeitsverändernde und wirklichkeitsstiftende Kraft des Gebetes in der Mission ernst genommen wird. Sonst verfällt die Kirche in einen Aktivismus ohne Verwurzelung in dem, der zur Mission ruft.

(8) Gottesmutterschaft: Schliesslich ist auch der Aspekt der Gottesmutterschaft der Kirche ein Ansatz, der leider in reformierten Kreisen oftmals keine grosse Beachtung findet. Für die Landeskirchliche Gemeinschaft Jahu kann dieser Anstoss sehr hilfreich sein. Mission geht also nicht nur darum, Menschen zu Gott zu führen, sondern vielmehr Gott zur Welt zu bringen. Durch die Kirche, durch uns, soll Gott in diese Welt kommen und diese Welt wiederum durch uns transformieren und erneuern. Im Auftrag der Gottesmutterschaft wird die Dimension des Wir klar. Nicht nur der individuelle Christusgläubige ist gerufen, Gott zur Welt zu bringen, sondern wir müssen Gott zur Welt kommen lassen. Dieser Auftrag wird allein möglich in der Gemeinschaft, erst wenn wir uns für den Auftrag Gottes zur Verfügung stellen, ein Segen für die Nationen zu sein, wird Gott handeln. Wir dürfen also als Gemeinschaft miteinstimmen in das Wort Marias: Uns geschehe nach deinem Willen.

VIII ‚Fit for purpose' – Theologische Ausbildung, die fit für die Zukunft ist

Von Bernhard Ott

Wie muss theologische Ausbildung[119] aussehen, wenn sie zukunftsfähig sein soll? Diese Frage muss alle interessieren, die in theologischer Bildung und Kirche Verantwortung tragen. Die Herausgeber dieses Bandes haben mit dem mir vorgelegten Thema bereits eine Antwort angedeutet: „Theologische Ausbildung, die sich dem Wandel der Gesellschaft anpassen muss". Die Ausgangsthese lautet demnach: Theologische Ausbildung muss sich dem Wandel der Gesellschaft anpassen, wenn sie zukunftsfähig sein will.

Diese These löst mehrere Rückfragen aus: Gibt es nicht eine *Vielzahl von Bildungsmodellen*, auch in der theologischen Ausbildung, und ist es schon ausgemacht, welche Modelle zukunftsfähig sein werden? (2) Was genau ist der *gesellschaftliche Wandel*, an den sich theologische Ausbildung anpassen soll? (3) Schließlich ist kritisch zu fragen, ob sich Bildung im Allgemeinen und theologische Ausbildung im Besonderen immer nahtlos an die gesellschaftlichen Veränderungen *anpassen* muss, oder ob nicht gerade um der (theologischen) Bildung willen manchmal auch Nichtanpassung gefordert ist.

Diese Themen können hier natürlich nicht umfassend entfaltet werden. Ich orientiere mich im Folgenden am heute gängigen Bildungsslogan *fit for purpose*. Dieser Slogan ist zum Credo der neueren Diskussion um die Qualität in der Bildung geworden.[120] Gute Bildung, so heisst es, ist und macht *fit for purpose* – fit für ein Ziel und für einen Zweck. Dabei ist *fit for purpose* ein schillernder Slogan. Im Kontext der grossen Bildungsreformen der letzten Jahrzehnte (PISA, Bologna) ist dieses Leitwort vor

---

[119] Theologische Ausbildung wird hier breit verstanden und schließt verschiedene Typen der theologischen Bildung auf tertiärer Stufe ein: Theologiestudium im Rahmen der Universität, theologische Ausbildung an kirchlichen Seminaren, wie auch Ausbildungen an Missions- und Bibelschulen, wie sie vor allem in der pietistischen Tradition des Protestantismus bekannt sind.

[120] Vgl. John West-Burnham, „Understanding Quality" in Tony Bush & Les Bell (Hg.), The Principles and Practice of Educational Management, London 2002, 323.

allem im Dienst der marktwirtschaftlichen Globalisierung propagiert worden. Bildung wurde in den vergangenen 20 Jahren zunehmend ‚economy-driven'. Das hat natürlich auch vehemente Kritik und Widerstand ausgelöst, vor allem seitens der Geisteswissenschaften.

Das Problem ist dabei nicht der *Fit-for-purpose*-Gedanke an sich, die Frage ist vielmehr, wer Ziel und Zweck wie definiert. Stan Lester hat treffend darauf aufmerksam gemacht, dass der Slogan *fit for purpose* an sich ziellos und inhaltslos ist, ohne jede moralische oder geistige Orientierung. Menschen können für den grössten Unsinn *fit* gemacht werden.[121] Lester ist zuzustimmen, wenn er fordert, dass zuerst die *Fitness of Purpose* geklärt werden muss, bevor nach der *Fitness for Purpose* gefragt werden kann.[122] Das werde ich nun im Folgenden auch tun. Wofür soll theologische Ausbildung denn fit machen in einer sich wandelnden Welt? Und *wie* kann das geschehen?[123]

1 Fitness *of* purpose oder: *Wozu* soll theologische Ausbildung fit machen?

Walter Hollenweger hat in den 1960er Jahren die Formulierung „Die Welt setzt die Tagesordnung" in die ökumenische Diskussion eingebracht.[124] Seine These lautet:[125]

> Die Kirche kann es sich, wenn sie weiterhin die Botschaft des Evangeliums glaubwürdig bezeugen will, nicht leisten, ihre Tagesordnung nur durch Bibel und Tradition bestimmen zu lassen. Sie muss sich ihre Tagesordnung von der Gesellschaft geben lassen, in der sie lebt, in die sie gesandt ist.

---

[121] Dave O'Reilly, Lynne Cunningham and Stan Lester, Developing the capable practitioner. Professional capability through higher education, London 1999, 104.

[122] Lester, Practitioner, 104.

[123] Zur Beantwortung dieser Fragen greife ich auf frühere Publikationen zurück, insbesondere auf Ott, Bernhard, Beyond Fragmentation. Integrating Mission and Theological Education, Oxford 2001, sowie Ders., Handbuch Theologische Ausbildung, Schwarzenfeld ²2013.

[124] Walter Hollenweger, The World is the Agenda, in Concept XI, Geneva 1966.

[125] Diese These entfaltet Hollenweger in Zwingli Writes the Gospel into his World's Agenda, in Mennonite Quarterly Review 43/1 (1969), 70–94.

Das gilt auch für theologische Ausbildung. Von Hollenweger her ergibt sich eine doppelten Tagesordnung: 1. Bibel und Tradition und 2. die Welt. In einem ersten Schritt sind deshalb Aufgabe, Ziel und Zweck (*purpose*) der theologischen Ausbildung theologisch zu begründen. Anschliessend sind einige Aspekte der Welt und ihre Bedeutung für die theologische Ausbildung zu benennen.

(1) Eine kurze theologische Bestimmung von Aufgabe, Ziel und Zweck der theologischen Ausbildung:[126] In der zweiten Hälfte des 20. Jahrhunderts entwickelte sich ein wachsender ökumenischer Konsens, dass das Wesen der Kirche von der *missio Dei* her definiert werden muss. Die Kirche versteht sich als hineingenommen in Gottes Bewegung zu den Menschen. Als „Sakrament, Zeichen und Werkzeug" lebt sie in der Welt.[127] Konsequenterweise fordert deshalb der südafrikanische Missionswissenschaftler David Bosch eine Theologie, die ebenfalls in ihrer Gesamtheit von der *missio Dei* durchdrungen ist.[128] Folgerichtig ist deshalb auch von der theologischen Ausbildung eine Grundorientierung an der *missio Dei* zu fordern.

Diese Grundthese habe ich an anderer Stelle ausführlich dargelegt und begründet.[129] Dabei beziehe ich mich auch auf *Andrew Kirk*, der

---

[126] In den Reformdiskussionen (vgl. Ott, Handbuch Kapitel 2) wird seit Jahren gefordert, dass die Reform der theologischen Ausbildung zuerst und vor allem eine theologische Aufgabe sei: Eduard Farley, The Reform of Theological Education as a Theological Task (1981); Edward Farley, Theologia – The Fragmentation and Unity of Theological Education (1983); Max L. Stackhouse, Apologia – Contextualization, Globalization and Mission in Theological Education (1988); David Kelsey, To Understand God Truly. What's Theological about a Theological School? (1992); Ders., Between Athens and Berlin. The Theological Education Debate (1993); Andrew Kirk, The Mission of Theology and Theology of Mission (1997); Robert Banks, Reenvisioning Theological Education. Exploring a Missional Alternative to Current Models (1999). Miroslav Volf, Dancing for God. Evangelical Theological Education in Global Context (2003).

[127] Diskussion und Quellen in David Bosch, Mission im Wandel. Paradigmenwechsel in der Missionstheologie, Giessen und Basel 2012, 432–456.

[128] Bosch, Mission, 577–588.

[129] Ott, Fragmentation. Ders., Mission Oriented Theological Education. Moving Beyond Traditional Models of Theological Education und Mission and Theological Education, in Transformation 18/2 (2001), 74–98.

bereits 1997 eine radikale Reform der theologischen Ausbildung forderte, die sich ganz an der *missio Dei* orientiert.[130] Er definiert konkret zwei Aufgaben der theologischen Ausbildung:[131]

> To Make Sense of the Whole of Life by Reference to God (Das Leben in seiner Gesamtheit unter Bezugnahme auf Gott deuten).
>
> To Be an Agent of Transformation, So That the Whole of Life May Reflect God's Intentions (Ein Instrument der Veränderung sein, so dass das Leben in seiner Gesamtheit Gottes Absichten widerspiegeln kann).

Drei Aspekte fallen auf: Die erste These betont die Reflexion, das Denken, die Theorie (eine Interpretationsaufgabe – „make sense of"). Die zweite These zielt auf das Handeln, die Praxis (eine Transformationsaufgabe – „be an agent of"). Beide sind aufeinander bezogen – Theorie und Praxis sind integriert. Beide Thesen – „Theorie" und „Praxis" – sind missionsorientiert resp. *missional*. Diese Missionsorientierung ist ganzheitlich, d.h. sie hat die Gesamtheit des Lebens im Blickfeld. Die hier vorgeschlagene theologische Arbeit ist ganz und gar theozentrisch: Die Welt soll im Lichte Gottes interpretiert werden und die Transformation muss sich an den Absichten Gottes orientieren.

(2) Von dieser theologisch bestimmten Zielorientierung der theologischen Ausbildung her kann nun im Sinne von Walter Hollenwegers Votum nach der Tagesordnung der Welt gefragt werden. In einer knappen Skizze können folgende Aspekte des globalen Wandels erkannt und die Konsequenzen für die theologische Ausbildung benannt werden:[132]

(2.1) Der *Übergang von der kolonialen zur nachkolonialen Epoche*, verbunden mit der Tatsache, dass die Christen des globalen Südens mit eigener Stimme und großer Lebendigkeit die Gesamtkirche bereichern, führt zu tief greifenden Rückfragen an die westlichen Kirchen, insbesondere auch ihre theologische Ausbildung. Die Stichworte sind: Zu sehr auf die Stabilisierung der Kirche und zu wenig auf die Mission ausgerichtet;

---

[130] Andrew Kirk, The Mission of Theology and Theology of Mission. Valley Forge 1997; Ders., Reenvisiong the Theological Curriculum as if the Missio Dei Mattered, in Peter Penner (Hg.), Theological Education as Mission, Schwarzenfeld 2005, 39–51.
[131] Kirk, Mission, 31; 39.
[132] Ausführlicher in Ott, Handbuch, 73–76.

zu institutionszentriert und deshalb zu elitär; zu abgehoben akademisch und deshalb für die Kirche in ihrer Mission nicht relevant.

Theologische Ausbildung für die Zukunft wird deshalb ganz auf die Kirche in ihrer Mission ausgerichtet sein. Sie wird eine globale, missionarische und ökumenische Ausrichtung haben und die Zurüstung des ganzen Volkes Gottes im Blickfeld haben. Sie steht dabei vor der großen Herausforderung, neue Aufbrüche und Bewegungen der wachsenden Kirchen mit dem Schatz der Tradition in Verbindung zu bringen.

(2.2) Der *pädagogische Paradigmenwechsel*, wie er in der Pädagogik der Befreiungstheologie, aber auch im Konzept der Andragogik (Erwachsenenbildung) zum Ausdruck kommt, stellt herkömmliche Bildungskonzepte infrage, die stark auf Wissensvermittlung von oben nach unten basieren. Die Beziehung von Theorie und Praxis wird neu definiert und bewertet. Zudem steht im neuen Bildungsparadigma das Individuum als Gestalter seiner Biographie im Mittelpunkt und nicht die Ausbildungsinstitution. Ausbildung soll personen- und nicht institutionszentriert sein.

Theologische Ausbildung für die Zukunft wird menschenorientierte Ausbildung sein, die Theorie und Praxis, Aktion und Reflexion, Denken und Spiritualität, Erfahrung und Reflexion der Erfahrung integriert. Sie steht dabei vor der großen Herausforderung, den Bildungsbedarf nicht nur an den subjektiven Wünschen des Individuums oder an einer kurzsichtigen Praxisnützlichkeit zu orientieren.

(2.3) Die *postmoderne, pluralistische Kultur* hat die Studentenschaft nachhaltig verändert. Es gibt keine „Normbiographien" mehr, d.h. eine Vielzahl von Individuen mit unterschiedlichen Biographien suchen in eigener Verantwortung zu unterschiedlichen Zeitpunkten in ihrem Leben unterschiedliche Bildungsmodule. Starr konzipierte Curricula, in denen alles vorgegeben ist, sind in diesem Kontext zunehmend nicht mehr marktfähig.

Theologische Ausbildung für die Zukunft wird auf die Pluralität von Möglichkeiten und Bedürfnissen mit flexiblen, modularen und maßgeschneiderten Ausbildungsangeboten antworten müssen. Sie steht dabei vor der großen Herausforderun,g inmitten all dieser zentrifugalen Kräfte nicht einer beliebigen und sinnzerstörenden Fragmentierung anheimzufallen, sondern Integration des Curriculums anzustreben.

(2.4) Die *Krise des Aufklärungsparadigmas*, d.h. der westlichen Denktradition, die so sehr mit Wissenschaft und universitärer Bildung verbunden ist. Die westlichen Kirchen, die dieses Modell der theologischen

Ausbildung pflegen, sind nicht die blühenden und wachsenden Kirchen in der Welt. Wenn die These stimmt, dass die Qualität der theologischen Ausbildung an ihren Früchten zu erkennen ist, d.h. an den Kirchen, die sie hervorbringt, dann ist die westliche akademische Bildungstradition der globalen Christenheit den Tatbeweis schuldig geblieben.

Theologische Ausbildung für die Zukunft wird vor den Defiziten des westlichen akademischen Bildungsparadigmas die Augen nicht verschließen, sondern seinen eingeschränkten Horizont wahrnehmen und überwinden. Sie steht dabei vor der großen Herausforderung, dem frommen Angriff auf Denken und Wissenschaftlichkeit zu wehren und zu einer auf Gott ausgerichteten denkenden Theologie zu finden.

(2.5) Die *Realitäten eines nachchristlichen Europas*, in dem die bekennende Christenheit zunehmend in der Minderheit ist, wo eine grundlegende Einführung in den christlichen Glauben bei Studierenden nicht mehr vorausgesetzt werden kann, und wo aufgrund des Zerfalls christlicher Werte immer mehr Studierende aus zerbrochenen familiären Kontexten stammen.

Theologische Ausbildung für die Zukunft wird in viel umfangreicherem Masse als früher grundlegende Einführung in den christlichen Glauben bieten müssen, einschließlich Einübung in eine christliche Lebensgestaltung und in gemeinschaftliches Leben. Das verlangt ganzheitliche Ausbildungskonzepte, die sowohl die kognitiven, wie auch die spirituellen, emotionalen und sozialen Seiten des Menschen ansprechen und fördern. Dabei steht theologische Ausbildung vor der großen Herausforderung, diese Aufgabe nicht im Alleingang wahrzunehmen, sondern in Partnerschaft mit Kirchen und Kirchgemeinden.

(2.6) Schließlich sind es *Globalisierung, Liberalisierung und Marktorientierung*, die auch im Bildungssektor einen gewaltigen Umbruch verursachen. Die Bologna–Reform ist lediglich die europäische Spielart dieses globalen Phänomens. Informationstechnologien und freier Markt diktieren das Geschehen. Dadurch ergeben sich zwar faszinierende neue Möglichkeiten, es werden jedoch auch gewichtige Bildungsideale in Frage gestellt. Evaluation, Qualitätsmanagement und Akkreditierung sind aufwändige Begleiterscheinungen dieser Entwicklungen.

Theologische Ausbildung für die Zukunft wird sich auf dem globalen Markt sowie in einer von Informationstechnologien und virtuellen Gemeinschaften geprägten Welt bewähren müssen. Ausbildungsinstitutionen werden sich über die Output-Qualität ihrer Programme Rechenschaft geben müssen. Um bestehen zu können, müssen sie lernende Institutionen werden, die nicht nur eine Tradition verwalten, sondern sich stetig weiterentwickeln. Sie stehen dabei vor der großen Herausforderung, Identität zu bewahren und nicht in ungesunder Hektik den Hals bei jedem neuen Trend zu wenden. Sie werden überdies weise abschätzen müssen, welche Möglichkeiten Informationstechnologien und virtuelle Welten bieten und welcher pädagogische Preis (sprich Verlust) dafür bezahlt werden muss.

Damit sind Ziel und Zweck (*purpose*) der theologischen Ausbildung skizziert. Wie kann nun aber theologische Ausbildung Menschen für dieses Ziel fit machen?

2 Fitness *for* purpose, oder: *Wie* kann theologische Ausbildung fit machen?

Das hier nun entfaltete pädagogische Konzept orientiert sich an der Erzählung von den Emmausjüngern in Lukas 24,13–35 und bringt diese ins Gespräch mit pädagogischen Einsichten der Gegenwart. Ich bin nicht der erste, der diesen Text als paradigmatischen Lernweg deutet. Bereits in der frühen Kirche findet man Texte, welche die Liturgie des Gottesdienstes diesem Text entlang entfalten.[133] In neuerer Zeit hat der amerikanische katholische Religionspädagoge Thomas H. Groome sein Konzept der Religionspädagogik am Paradigma von Lk 24 orientiert.[134] Groomes religionspädagogische Einsichten fliessen auch in die hier vorgelegte Konzeption ein.[135] Besonders interessant für unser Thema ist aber

---

[133] Ausführliche Quellenangaben dazu in Stephan Nösser, Heiliges Spiel. Verkannte und vergessene Kunst der Liturgik, in Stephan Nösser und Esther Reglin 2001. Wir feiern Gottesdienst. Entwurf einer freikirchlichen Liturgik, Wuppertal 2001, 19–20. Zu Entstehung und Wirkungsgeschichte der Emmaus-Erzählung auch François Bovon, Das Evangelium nach Lukas (EKK III/4), Neukirchen und Düsseldorf 2009, 552–554; 565–572.

[134] Thomas Goome, Christian Religious Education. Sharing our Story and Vision, San Francisco 1980/1999.

[135] Inwieweit sich Grooms Prinzipien der Religionspädagogik auch in der Hochschulbildung umsetzen lassen, ist mehrfach untersucht und reflektiert worden, z.B. von Reyes L. Quezada, Global Student Teacher Transformation Experiences. Living the Faith through the Shared Christian Praxis Learning

auch N. T. Wrights Interpretation der Emmauserzählung als Metapher für den Lernweg von der Moderne in die Postmoderne.[136]

Der Bildungsprozess ist in dieser Erzählung als Weg (*hodos*) beschrieben. In gewisser Weise kann hier ein methodisches (*methodos*) Paradigma der theologischen Bildung gesehen werden. Bereits hier lohnt sich ein Blick in die heutige Bildungsdiskussion. Wenn es um Bildungsprogramme geht, ist von Curricula die Rede. Darunter versteht man meistens den Lehrplan, der in der Regel die Auflistung der Kurse bzw. Module umfasst (Fächerkanon). Obwohl der Begriff *Curriculum* eigentlich die Metapher eines Weges beinhaltet, wird Curriculum doch meistens statisch als Liste von Modulen und Inhalten verstanden. Lk 24 lädt ein, den Curriculumbegriff zu erweitern. Es geht tatsächlich darum, gemeinsam einen Lernweg zu gehen, und dieser beinhaltet mehr als formale Bildungskomponenten (Module, Vorlesungen, Seminare, Examen). Wie wir sehen werden, umfasst das Curriculum des Emmausweges auch Elemente, die wir heute eher dem aussercurricularen, informellen Lernen zuordnen. Sie sind aber konstitutiv für den Lernprozess. Von Lk 24 her ist für ein dynamisches Verständnis von Curriculum zu plädieren, das den Lernprozess als bewusst gestaltete gemeinsame Reise versteht, die – in moderner Sprache ausgedrückt – formale und informelle Aspekte des Lernens einschliesst. Diese Reise kann in mehreren Stationen nachgezeichnet werden.[137]

2.1 Station 1: Jemand haben, mit dem wir reden können…

Der Lernweg beginnt damit, dass zwei Lernende miteinander unterwegs sind und über ihre Erlebnisse austauschen. Der Bildungsprozess beginnt

---

Process, in Journal of Catholic Education (2011), 14 (4). Abgerufen am 6.6.2015 von http://digitalcommons.lmu.edu/ce/vol14/iss4/5.

[136] Wright, N.T., Herausforderung Jesus. Wer er war und wer er ist, Böblingen 2012, 187–216.

[137] Ich orientiere mich hier an dem von Thomas Groome unter dem Titel Shared Christian Praxis vorgeschlagenen Lernweg mit fünf Stationen: 1. Discovering Life Experience. 2. Reflecting on Life Experience. 3. Sharing the Faith Story. 4. Integrating the Faith Story into Our Lives. 5. Living the Faith Story. Einige Stationen entfalte ich in zwei Schritten, so dass ich auf insgesamt sieben Lernschritte komme.

im Leben, im Alltag, bei den Widerfahrnissen der Betroffenen. Unter Widerfahrnissen ist dabei an vorreflektive Erlebnisse zu denken. Wie Hans-Christoph Piper treffend sagt:[138]

> „Ein Widerfahrnis ist noch keine Erfahrung. Es hat noch keinen Ort in meiner Erfahrung. „Etwas" ist mir widerfahren. Ich kann es noch nicht benennen, geschweige denn verstehen. Meine erste Reaktion ist Erschrecken, Stutzen, Staunen und Verwunderung. Es kann auch sein, dass mich das, was mir widerfährt, verletzt."

Solche Widerfahrnisse müssen nicht weggeschoben werden, damit sich Studierende auf theoretische Bildungsinhalte konzentrieren können. Im Gegenteil: Das Zur-Sprache-Bringen der eigenen Lebenssituation ist grundlegend für den weiteren Verlauf des Lernprozesses. Es ist der erste Schritt. Noch einmal Piper:[139]

> Damit Widerfahrnis zur Erfahrung wird, muss es aber zur Sprache gebracht werden. Ich muss mich mit ihm auseinandersetzen, und dazu bedarf es eines oder mehrerer Gesprächspartner, die mir den Raum bieten, das Widerfahrnis auszubreiten. Erfahrung ist an einen Raum gebunden, den ich er-fahren kann.

Bildung beginnt mit Wahrnehmung. Augen auf! Das Leben wahrnehmen. Wahrnehmung wird dann gefördert, wenn es Gelegenheiten gibt, das Wahrgenommene zur Sprache zu bringen. Dazu braucht es jemand, der mir zuhört. Lernende brauchen Kollegen und Kolleginnen, mit denen sie über das Leben reden können. Beziehungen sind eine unabdingbare Dimension eines Bildungsprozesses.[140]

Noch etwas fällt auf: Der Weg der beiden führt (vorerst) weg vom Geschehen, das sie bereden. Die Reflexion des Erlebten erfordert eine gewisse Distanzierung. Manche Dinge sieht man erst aus der Distanz genauer. Diese Tatsache sollte nicht übersehen werden in einer Zeit, in der

---

[138] Hans-Christoph Piper, Kommunizieren lernen in Seelsorge und Predigt, Göttingen 1981, 46.
[139] Piper, Kommunizieren, 47.
[140] Das wird von Tobias Künkler in seiner Dissertation ausführlich dargelegt. Dabei zeigt er, dass die heute dominierenden pädagogischen Theorien des Behaviorismus, des Kognitivismus und des Konstruktivismus allesamt zu individualistisch sind. Tobias Künkler, Lernen in Beziehung. Zum Verhältnis von Subjektivität und Relationalität in Lernprozessen, Bielefeld 2011.

manchmal theologische Ausbildung ‚in Ministry' als die zu bevorzugende Form der Bildung propagiert wird.

Theologische Ausbildung, die fit für die Welt macht, befähigt Studierende, das eigene Leben und die weitere Welt wahrzunehmen und die Wahrnehmungen zur Sprache zu bringen. Dazu ist oft eine gewisse Distanzierung vom unmittelbaren Erleben nötig. Doch Wahrnehmungen alleine sind nur der erste Schritt.

2.2 Station 2: Einer, der an die Seite kommt... zuhört... Fragen stellt...

Nun tritt der Lehrende ins Bild. Nein, er tritt nicht dominant als der Wissende in die Erzählung ein, als der, der nun sagt: „Liebe Leute, ich habe die Antworten. Hört gut zu. Klappt eure Notebooks auf und notiert euch, was ich doziere."

Ganz im Gegenteil. Er tritt sozusagen inkognito an die Seite und ordnet sich in den Lernweg ein. Ein *Parakletos* könnte man in biblischer Sprache sagen. Einer, der an die Seite kommt, auf dem Weg mitgeht und sich mit den Lernenden unterhält. Wie kann solch *parakletisches* Lehren konkret aussehen?

Als Erstes stellt der Lehrende Fragen. Fragen stellen ist ein altbewährtes pädagogisches Mittel. Allerdings haben nicht alle Fragen dieselbe pädagogische Wirkung. Von Martin Buber her sind drei Fragetypen zu unterscheiden:[141]

1. Das Abfragen von Sachinhalten (Examensfragen). Der Lehrer weiss es und der Schüler sollte es gelernt haben. Das wird nun durch die Frage getestet. Solches Fragen, so Buber, ist Fragen von oben herab, vom Wissenden zum nicht Wissenden. Es eröffnet keine Ich–Du–Beziehung, die für das Gelingen des Lernweges so wichtig ist. Es bleibt bei einer Ich–Es–Beziehung. Lehrende und Lernende bleiben sich letztlich fremd.

2. Als Zweites nennt Buber die sokratische Methode, in der dem Lernenden durch geschicktes Fragen auf die Sprünge geholfen wird, selber die Lösung eines Problems zu finden, wobei der Lehrer die Losung be-

---

[141] Buber, Martin, Erwachsenenbildung, in Martha Friedenthal-Haase & Ralf Koerrenz (Hg.), Martin Buber. Bildung, Menschenbild und Hebräischer Humanismus, Paderborn 2005 (1949/50), 250.

reits kennt. Diese Frageform ist sicherlich von höherem pädagogischem Wert, für Buber bleibt sie aber auf der Ich-Es-Ebene der Beziehung und es kommt nicht wirklich zum Dialog, der wahre Bildung erst ermöglichen würde. Es haftet der sokratischen Methode sogar etwas Manipulatives an.

3. Das kann durch eine dritte Frageform gelingen, nämlich wenn der Lehrende den Lernenden über sein Leben befragt und dabei selbst ein Lernender wird. Hier wird ein echtes Interesse am Lernenden gezeigt, und nicht nur das Interesse an seinem Wissen und Können. Solches Fragen, so Buber, führt zu einer Ich-Du-Beziehung, die erst wahre Bildung ermöglicht.[142]

Es scheint, dass Jesus hier in dieser dritten Weise fragt. Er lädt die Lernenden ein, ihre Erfahrung noch einmal zu erzählen, vielleicht noch anders wahrzunehmen und zur Sprache zu bringen. Der Lernprozess wird so durch das Nachfragen vertieft. Gutes Nachfragen verhilft zu vertieftem Wahrnehmen und zur Reflexion der eigenen Erlebnisse und Widerfahrnisse. Was hast du genau erlebt? Sag es noch einmal? Wie war das genau? Und was hast du dabei gedacht? Und was irritiert dich? Bist du ganz sicher? Das hast du doch eben noch ganz anders geschildert. Solches Fragen vertieft die Wahrnehmung, schafft Beziehung und Vertrauen, so dass Lehrende und Lernende auf dem Weg des Lernens voran schreiten können.

Im Rahmen der *Shared-Christian-Praxis*-Didaktik nach Thomas Groome, müssen sich Lehrende in diesem Zusammenhang zwei Fragen stellen: 1. Mit welchen Methoden kann ich Studierende dazu motivieren, ihre Lebenserfahrungen wahrzunehmen und zu reflektieren? 2. Mit wel-

---

[142] Ähnlich, aber doch auch mit anderen Akzentsetzungen, unterscheidet Clemens Sedmak folgende drei Formen des Fragens: 1. „Abschließbare Fragen" sind Fragen auf die es eine Antwort gibt, d.h. Fragen nach Faktenwissen, das richtig oder falsch sein kann. 2. „Offene Fragen" sind Fragen, auf die es durchaus Antworten gibt, aber eine letzte und abschließende Antwort muss oft offen bleiben, wie z.B. Fragen nach dem richtigen ethischen Handeln. 3. „Fragen, die auf etwas bleibend Verborgenes und Verstehbares hinzielen". Sie sind nicht auf ein Problem und dessen Lösung gerichtet, sondern auf ein Mysterium, z.B. die Frage nach einem Leben nach dem Tod (Clemens Sedmak, Geglücktes Leben, Freiburg i.Br. 2006, 20-22).

chen Methoden kann ich Studierende dazu motivieren, ihre Lebenserfahrungen in Worte zu fassen und mitzuteilen?

2.3   Station 3: Das Erlebte zur Sprache bringen… reflektieren… und benennen…

Nun erreicht der Lernprozess einen ersten entscheidenden Höhepunkt: Das Rückfragen des Lehrenden hat die Lernenden an den Punkt geführt, an dem sie die Diskrepanz zwischen ihrer Lebenstheorie und den Widerfahrnissen des Lebens wahrnehmen. „Wir hatten gedacht…", aber die Realität ist offensichtlich anders.

Menschen konstruieren aufgrund von Erlebtem und von angelerntem Wissen Lebenstheorien. So entwickeln wir Narrative, die sich bewährt haben, um neue Erlebnisse zu deuten und das Leben zu meistern. Die meisten Menschen wünschen sich in Lernprozessen, dass ihre Lebenstheorien, die sich bewährt haben, durch neue Erfahrungen und neu erworbenes Wissen bestätigt und gefestigt werden. Sie möchten vor allem *dazu* lernen.

In Wirklichkeit konfrontieren uns jedoch sowohl die Realitäten des Lebens als auch die Bildung mit Fremdem, das durch unsere Lebenstheorien nicht zufriedenstellend gedeutet werden kann, ja diese Lebenstheorien können erschüttert und in Frage gestellt werden.

Anschliessend an Jean Piagets Theorie der *Äquilibration* spricht man heute in der konstruktivistischen Pädagogik von der Perturbation.[143] Es geht darum, dass Lernprozesse durch die Diskrepanz zwischen dem, was Menschen bereits kennen, und neuen Phänomen, Erfahrungen und Problemen, denen sie im Lernprozess begegnen, stimuliert werden. Das Fremde, das dem Menschen in neuen Fakten, Phänomenen und Problemen entgegen kommt, bringt das vorhandene kognitive Schema aus dem Gleichgewicht und provoziert einen Adaptionsprozess, der als Ausbalancierung der kognitiven Struktur (*Äquilibration*) verstanden werden kann.

Im Licht dieser Theorie kann man sagen, dass die beiden auf dem Weg nach Emmaus genau diesen Moment erleben, in dem ihnen klar

---

[143] Horst Siebert, Pädagogischer Konstruktivismus, Weinheim und Basel ³2005, 89–92.

wird, dass ihr altes kognitives Schema nicht in der Lage ist, die neuen Fakten (Jesus hat beansprucht der Messias zu sein, aber nun ist er hingerichtet worden) zu deuten. Sie finden sich im Stadium des *Disäquilibriums* wieder. Jesus hat sie als *parakletischer* Lehrer durch sein Fragen zum Punkt dieser Einsicht geführt.

Lernen heisst deshalb nicht nur *dazulernen*, sondern viel mehr *umlernen*. Dass dem so ist, ist für Lernende oft nicht einfach zu akzeptieren. Neue Widerfahrnisse oder neue Theoriestücke bringen mein inneres Gleichgewicht durcheinander. Dabei kann die *Disäquilibration* (Piaget) sowohl durch die Diskrepanz zwischen eigener Lebenstheorie und Erlebnis, als auch durch die Begegnung mit anderen Theorien und Traditionen ausgelöst werden. Der Krisensatz lautet dann entweder „Ich hatte bisher gedacht... aber nun habe ich dies und das erlebt...", oder „Ich hatte bisher gedacht... aber nun bin ich Menschen begegnet, die ganz anders denken...". Auch diese Erfahrung ist konstitutiv für Bildungsprozesse.

Jesus, dem parakletischen Lehrer, gelingt es durch sein Nachfragen, die Lernenden zu dieser Einsicht zu führen. Sie nehmen wahr und können es auch zur Sprache bringen: „Wir dachten, er sei der Messias, aber jetzt das...". Unsere Theologie und die eben gemachte Erfahrung passen nicht zusammen.

So weit haben die Lernenden ihre ‚kleine' Geschichte erzählt. Die Geschichte ihres Lebens, ihrer Zeit, ihres Kontexts. Theologische Ausbildung muss dazu befähigen, unsere ‚kleinen' Geschichten zu erzählen. Das kann geschehen, wenn wir lernen, genau wahrzunehmen, genau hinzusehen, genau zuzuhören. Wenn wir lernen das Wahrgenommene zur Sprache zu bringen, wenn wir einander erzählen, Fragen stellen, vertieft erzählen – und so schliesslich die Diskrepanzen, Spannungen und Irritationen wahrnehmen. Doch das ist nicht genug.

2.4 Station 4: Das ‚kleine' Narrativ im Lichte des ‚grossen' Narrativ deuten...

Hier, und erst hier, kommen nun formal Bibel und Theologie ins Spiel. Jetzt kommt sozusagen die Vorlesung. Sie besteht darin, die ‚kleine' Geschichte, die vorher erforscht und erzählt worden ist, ins Licht der ‚grossen' Geschichte zu stellen. Dabei geht es nicht nur darum, dass die kleine Geschichte der konkreten Erfahrung im Licht der grossen Geschichte sinnvolle Deutung erfährt. Jesus erzählt die grosse Geschichte neu. Das alte Narrativ wird nicht nur wiederholt, sondern neu konfiguriert.[144]

Wohl gemerkt: Es hat den Lernenden nicht an Bibelwissen *per se* gefehlt. Sie haben durchaus theologische Kenntnisse gehabt. Ihre Theologie ist aber an den Ereignissen gescheitert. Ausgerüstet mit ihrer Theologie waren sie nicht in der Lage, das für sie überraschende Ereignis des Todes Jesu zu deuten. So hatten sie sich gemäss ihrer Theologie den Ausgang der messianischen Mission nicht vorgestellt.

Nun braucht es aber nicht nur mehr Bibelwissen, sondern vielmehr Hermeneutik (24,27 *dihermeneuo*). Genau betrachtet handelt es sich um eine Wechselwirkung. Eine neue Lektüre der an sich bekannten Bibel unter der Leitung des parakletischen Lehrers, ermöglicht eine neue Deutung der Ereignisse. Umgekehrt öffnen die Ereignisse ein neues Verständnis für altbekannte Texte. Nun, im Lichte der Ereignisse machen manche Texte erst wirklich Sinn. Und nun, durch die neue Lektüre der Schrift, fällt Licht auf die Ereignisse.

Theologische Ausbildung, die fit macht, befähigt dazu, unsere kleinen Geschichten im Lichte von Gottes grosser Geschichte zu deuten. Dazu braucht es Bibelkenntnisse und darüber hinaus hermeneutische Kompetenzen. Dabei geht es nicht nur um die individuelle kleine Lebensgeschichte, sondern vielmehr um das überlieferte und angeeignete Paradigma des Glaubens. Es kommt zu einem eigentlichen Paradigmenwechsel in der Gesamtschau von Bibel und Tradition, der durch Kontinuität und Diskontinuität gekennzeichnet ist.

Doch langsam: Das grosse Aha-Erlebnis findet nicht während oder am Schluss der Vorlesung statt. Der Bildungsprozess hört hier nicht auf. Die Vorlesung regt zu weiterem Nachdenken und zu Fragen an, sie weckt den Hunger nach mehr: Der Lehrer wird nach Hause eingeladen. Der Modus wechselt vom formalen zum informellen Curriculum.

---

[144] Vgl. Wright, Jesus, 207.

2.5 Station 5: Das AHA-Erlebnis... dem Auferstandenen begegnen... ein Geheimnis...

Was nun geschieht, ist ein Geheimnis. Gastfreundschaft. Tischgemeinschaft. Brotbrechen... Fast wörtlich die Formulierung, die Jesus beim letzten Passahmahl gebraucht hat. Was geschieht hier?

Nüchtern pädagogisch gesprochen tritt neben die Sozialformen der Partnerarbeit von zwei Studierenden, des Lehrgesprächs und des Lehrvortrags eine vierte Sozialform, die der informellen Gemeinschaft mit gemeinsamem Essen und Gottesdienst. Ihre Bedeutung im Lernprozess ist unbestritten. Wer studiert hat, kann von der tiefen Bedeutung informeller Gemeinschaft von Lernenden und Lehrenden erzählen. Man braucht nur zuzuhören, wenn Alumni erzählen, was ihnen vom Studium prägend in Erinnerung geblieben ist. Es sind oft die Diskussionen im informellen Rahmen mit Kommilitonen und Lehrenden.

Doch hier geschieht noch mehr. Die Tischgemeinschaft, das Brotbrechen durch den Gast und dann sein geheimnisvolles Verschwinden deuten darauf hin, dass hier im Lernprozess etwas geschieht, das über das rational und lernpsychologisch Erklärbare hinausgeht. Die Worte und Handlungen erinnern an Gottesdienst (Liturgie, Symbole, Sakrament) und an Erfahrungen, die von Gottes Geist bewirkt sind. Auch da ist offensichtlich der *Parakletos* am Werk.

Hier geschieht im Lernprozess ja Folgendes: Es ist nicht allein die hermeneutische Erklärung, die der Erkenntnis zum Durchbruch verhilft, dass Jesus wirklich der Messias ist und lebt. Es ist erst die existentielle Begegnung mit ihm, die ihnen die Augen öffnet. Ohne diese existentielle Begegnung mit dem Auferstandenen wird das Lernziel nicht erreicht! Zwei Aspekte scheinen mir hier wichtig:

(1) Informelle Gemeinschaft, einschließlich Tischgemeinschaft und Gottesdienst gehört konstitutiv zum Lernweg. Wer nach der Vorlesung abbricht, ist den Weg nicht zu Ende gegangen. Manch eine lebensverändernde Einsicht fällt nicht während der Vorlesung oder in der Bibliothek, sondern beim Tischgespräch am Abend oder im Rahmen der Liturgie. Wer Menschen für die Welt fit machen will, muss über die Vorlesung hinaus eine zweite Meile gehen, ein Stück Leben mit den Lernenden teilen – und wohl auch manche Abende investieren.

(2) Es geht hier aber um mehr: Wer sich in theologischer Ausbildung engagiert, sollte mit dem Geheimnis rechnen. Lernprozesse, die sich

lediglich im Rahmen rationaler, wissenschaftlicher und lernpsychologisch kontrollierter Prozesse bewegen, vermögen nicht, die transzendente Erfahrung der Begegnung mit dem Auferstandenen zu bewirken. Sie vermögen nicht, das Feuer anzuzünden, von dem hier die Rede ist.

2.6 Station 6: Vom Kopf ins Herz... das Feuer brennt (wieder)...

Der Lernprozess von Lk 24 verursacht nicht nur heisse Köpfe und erhitzt nicht nur Gemüter, er zündet Herzen an. Damit ist mehr als romantische Frömmigkeit gemeint. Es geschieht hier im besten Sinne etwas Mystisches. Es ist die Begegnung mit dem Auferstandenen, die letztlich das Feuer entzündet. Damit ist das Vorangegangene nicht sinnlos oder überflüssig geworden. Das Gespräch auf dem Weg, das Nachfragen und Reflektieren der Ereignisse, die Vorlesung, sie werden nun im Rückblick und im Licht der Begegnung mit dem Auferstandenen gesehen: „Brannte uns nicht das Herz in der Brust, als er unterwegs mit uns redet und uns den Sinn der Sinn erschloss?" (Lk 24,32). Hier wird eine mystagogische Dimension der theologischen Ausbildung deutlich.[145]

Man kann schlussfolgernd die These aufstellen: Theologische Ausbildung muss ein Feuer anzünden – und zwar mehr als ein Feuer theologischer Begeisterung, vielmehr ein Feuer, das in der Begegnung mit dem Auferstandenen entzündet wird und in die Sendung des Auferstandenen hinein nimmt. Dieser These muss allerdings sofort hinzugefügt werden, dass ein solches Feuer durch allein menschliche Bildungsprozesse nicht entzündet werden kann – und nur sehr begrenzt durch wissenschaftliche Arbeit.

Diesen Nachsatz formuliere ich explizit, denn das Weltbild der modernen Wissenschaft ist auf das logisch Denkbare und das empirisch Erforschbare begrenzt. Innerhalb dieser Grenzen leistet die Wissenschaft auch Gewaltiges und wir machen uns ihre Möglichkeiten zunutze. Das Geheimnis transzendenter Erfahrungen ist der Wissenschaft jedoch sus-

---

[145] Vgl. Johannes Panhofer, Pastorale Ausbildung zwischen ‚Technik' und Mystagogie, in Franz Weber, Thomas Böhm, Anna Findl–Ludescher und Hubert Findl (Hg.), Im Glauben Mensch werden. Impulse für eine Pastoral, die zur Welt kommt (FS Hermann Stenger), Münster 2000, 271–283. Zu den Lernfelder der Spiritualität auch Jens Martin Sautter, Spiritualität lernen, Neukirchen ²2007, 64–78; 93–109.

pekt. Sie kann uns nicht helfen, wenn es um das Letzte geht – um die Begegnung mit dem Auferstandenen Christus. Da müssen und wollen wir aber hin, wenn Menschen fit für die *missio Dei* werden sollen.

Das macht uns als Lehrende und als theologische Schulen ohnmächtig und manchmal auch ratlos. Das Letzte und Entscheidendste, das Lernende erfahren sollen, können wir rational, wissenschaftlich und pädagogisch nicht leisten. Es entzieht sich akademischer und methodischer Machbarkeit. Es ist ein Geheimnis. So stehen denn Lehrende und Lernende gleichermassen mit leeren Händen vor Gott und können nur bitten: „Herr Jesus Christus, begegne du uns als Lehrende und Lernende in einer Weise, die alle in Worte gefasste Theologie, alles Forschen, Lehren und Lernen durchdringt und übersteigt."

Miroslav Volf hat es einmal so gesagt: „Wir Theologen sind entweder wie Moses: Wir begegnen Gott auf dem Berg und sind in der Lage von Gott her etwas zu sagen oder – wir sind überhaupt gar keine Theologen."[146] Neutestamentlich formuliert heisst das dann: Wir Theologen sind dem Auferstandenen begegnet und sind in unseren Herzen von ihm angezündet worden – oder wir sind nicht wirklich fit for purpose.

2.7 Station 7: ...vom Herz in die Beine... ‚fit für die Welt'

Wozu soll theologische Ausbildung fit machen? Die Erzählung endet mit dem Satz:

> „Noch in derselben Stunde brachen sie auf und kehrten nach Jerusalem zurück, und sie fanden die Elf und die anderen Jünger versammelt. Diese sagten: ‚Der Herr ist wirklich auferstanden und ist dem Simon erschienen.' Da erzählten auch sie, was sie unterwegs erlebt und wie sie ihn erkannt hatten, als er das Brot brach" (Lk 24,33-35).

Die beiden sind nun befähigt, zurückzukehren und zu bezeugen, dass sie dem Auferstandenen begegnet sind. Sie sind fit für die *missio Dei*! Befähigt, diese Welt wahrzunehmen und zu reflektieren. Ausgerüstet mit den nötigen biblisch-theologischen Kenntnissen und entsprechenden hermeneutischen Kompetenzen. Zeugen des Auferstandenen Christus.

---

[146] Vortrag anlässlich der ICETE Consultation for Theological Educators, 18. August 2003, High Wycombe, UK; veröffentlicht in Evangelical Review of Theology 29/3 (2005), 197–207. Auch unter www.icete-edu.org.

Brennend in ihrem Herzen. Aufgestellt und in Bewegung gesetzt. Kompetent, um in Gottes Projekt ihr Wissen und ihr Können einzubringen.

Zurück zur Ausgangsfrage: Wie muss theologische Ausbildung aussehen, wenn sie zukunftsfähig sein will? Inwieweit muss sie sich dem Wandel der Gesellschaft anpassen? Im Zentrum wird es darum gehen, Lernwege nach Lk 24 zu gestalten. Dabei wird es nötig sein, die Inhalte der theologischen Ausbildung so anzupassen, dass die Tagesordnung der Gesellschaft aufgegriffen wird. Es wird auch nötig sein, Modelle zu entwickeln, die Menschen unserer Gesellschaft mit ihren vielfältigen Biographien den Zugang zum Studium eröffnen. Es wird Lernformen brauchen (Pädagogik und Didaktik), die postmodernen Menschen lernen ermöglichen. Über allem wird es aber um die Qualifizierung der Lehrpersonen gehen. Theologische Ausbildung braucht *parakletische* Lehrpersonen nach dem Vorbild des Emmaus–Paradigmas. Das sind Lehrpersonen, die in ihrer Person (Sein) und durch ihre didaktische Methodik (Tun) mit Studierenden Lernwege nach Lk 24 gehen können. Selbstkritisch frage ich: Sind die Lehrenden *fit for purpose*? Eine englische Redewendung bringt es auf den Punkt: „The faculty is the curriculum".[147]

---

[147] Der Ausdruck geht wahrscheinlich auf ein nicht veröffentlichtes Vorlesungsmanuskript von Robert W. Ferris zurück mit dem Titel The Work of a Dean.

Replik: Stefan Wenger

"Wie muss theologische Ausbildung aussehen, wenn sie zukunftsfähig sein soll?" (Ott, 155), so fragt Bernhard Ott in seinem Artikel. Antwort: Sie muss zum einen in Bibel und Tradition verankert und zum anderen von der sie umgebenden Welt bestimmt sein. Ott entfaltet in der Folge Überlegungen zur Frage, *wozu* theologische Ausbildung befähigen soll und *wie* das konkret geschehen könnte.

Wachsender ökumenischer Konsens ist, dass Kirche von der missio Dei, von Gottes Heilshandeln in Christus her verstanden werden muss. Damit ist zugleich die Grundausrichtung theologischer Ausbildung skizziert: Der Student soll sich selbst (zunehmend) als Existenz coram Deo verstehen, als imago Dei, das Gottes Wesen und Absichten in all seinen Lebensbezügen spiegelt. Mit anderen Worten: Theologische Ausbildung soll dazu beitragen, das Denken und Handeln des Studierenden so zu transformieren, dass dieser sich selbst und die ihn umgebende Welt als Gottes Schöpfung verstehen lernt und eine entsprechend theozentrische Lebensführung einüben kann; eine Lebenspraxis, die sowohl Gottes Absichten mit der Welt als auch den vielfältigen Herausforderungen seiner Schöpfung gerecht zu werden versucht. In diesem Zusammenhang skizziert Ott sechs verschiedene Charakteristika (Ott, 158–161), die eine theologische Ausbildung ausweisen muss, wenn sie zukunftsfähig sein will. Bemerkenswert ist m.E. insbesondere der Hinweis, dass sich die Qualität theologischer Ausbildung an ihren Früchten, sprich an der Gestalt der Kirche(n) messen lassen muss. Wie aber kann eine solche Ausbildung gelingen; wie müsste sie gestaltet sein?

Ott skizziert ein pädagogisches Konzept, das er am Weg der Emmausjünger orientiert (vgl. Lk 24,13–35) und in sieben Schritten (Stationen) entfaltet (Ott, 162–172). Dieses Konzept ist nicht nur im Blick auf zukunftsfähige theologische Ausbildung im akademischen und semiakademischen Bereich (auf tertiärer Stufe) richtungsweisend, sondern auch im Blick auf die theologische Weiterbildung, wie sie innerhalb von Landes- und Freikirchen und eben auch von innerkirchlichen Körperschaften wie der Landeskirchlichen Gemeinschaft Jahu gepflegt und gefördert wird. Im Folgenden seien einige mögliche Denk- und Betätigungsfelder genannt:

Lernen heisst Erfahrungen sammeln und sie reflektieren. Erfahrungen müssen im Gespräch mit sich selbst, mit Gott und eben auch mit Kommilitonen und/oder anderen Menschen aus dem eigenen kirchlichen

Umfeld verarbeitet werden. Das aber setzt voraus, dass da jemand ist, der zuhört. Allein dieser Aspekt macht deutlich, wie grundlegend die Verwurzelung von Studierenden in lebendigen Kirchgemeinden und kirchlichen Gemeinschaften sein wird, wenn der theologische Ausbildungsprozess gelingen soll. Oder anders: Wenn ein junger Mensch Theologie studiert und gleichzeitig in einer Kirchgemeinde vor Ort oder einer innerkirchlichen Gemeinschaft verwurzelt und engagiert bleibt, eröffnen sich zum einen viele Lern-, Reflexions- und Verarbeitungsfelder, zum anderen treten akademische Theologie und kirchliche Praxis in einen Dialog, der für beide Gesprächspartner inspirierend sein kann – davon legt die Landeskirchliche Gemeinschaft Jahu unter anderem im vorliegenden Band Zeugnis ab.

Lernen heisst, sich begleiten und befragen lassen. Auch das ist ein Aspekt, der zwar sicher auch am Ort des Studiums geschehen kann und wird, er setzt aber zugleich eine gewisse Weggemeinschaft voraus. Der Lernende muss erzählen können; der Lehrende muss die richtigen, die hilfreichen Fragen zu formulieren verstehen; Fragen, die dem Studierenden helfen, Erlebtes neu zu bedenken und vielleicht anders zu bewerten. Das setzt im Idealfall eine gewisse Intimität voraus; eine Intimität, die sich in der gewünschten Form an Universitäten und semiakademischen Ausbildungsstätten nicht immer findet, in Kirchen und kirchlichen Gemeinschaften aber (hoffentlich!) kultiviert und gepflegt wird.

Lernen heisst, sich erschüttern lassen und umlernen. Eben dies ist ein Aspekt, der im vorliegenden Band in den vorangehenden Repliken aus dem Kreis der Landeskirchlichen Gemeinschaft Jahu immer wieder zum Ausdruck kommt: Bekanntes und Bewährtes wird in Frage gestellt, liebgewordene Traditionen und sattsam Gedachtes wird erschüttert, Altes muss möglicherweise zurückgelassen werden, um Neues willkommen heissen zu können. Das Christentum ist (auch) eine Bildungsbewegung. Alte, aber bisher fremde theologische Traditionen, neues theologisches Gedankengut, frische christliche Lebenspraxis muss geprüft, aufgenommen oder zurückgestellt werden. Die kirchliche Lebenspraxis wird (hoffentlich!) zur Quelle der Inspiration für den Studierenden.

Lernen heisst, Gelerntes neu interpretieren. Steht im vorangehenden Lernschritt mehr das kirchliche Umfeld im Vordergrund, so wird der Student insbesondere im Rahmen seines Studiums neue hermeneutische Zugänge und eine Fülle von alterativen Interpretationsweisen angeboten bekommen. Sie sollen ihm dabei helfen, bisher Erlebtes und Gedachtes anhand von Bibel und Tradition, anhand von Theologie und (auch hier wieder) kirchlicher Praxis neu zu interpretieren, neu zu bewerten und für seinen weiteren Weg fruchtbar zu machen. Es geht (auch) um einen Paradigmenwechsel, um eine neue Weltsicht, die es möglich macht, die eigene, möglicherweise gebrochene intellektuelle und geistig-geistliche Geschichte in einen grösseren Zusammenhang zu stellen. „Theologische Ausbildung, die fit macht, befähigt dazu, unsere kleinen Geschichten im Lichte von Gottes grosser Geschichte zu deuten" (Ott, 168). Das Theologiestudium wird (hoffentlich!) zur Quelle der Inspiration für den Studierenden.

Lernen heisst, Gemeinschaft und Gottesdienst pflegen. Wer als Student ausschliesslich zwischen Vorlesungssaal und Bibliothek pendelt, steht in der Gefahr, das Wesentliche seines Studiums zu verpassen: Die Gemeinschaft mit dem Auferstandenen. Und diese Gemeinschaft ist – keineswegs nur, aber gerade auch – in der Gemeinschaft mit Glaubensgeschwistern innerhalb und ausserhalb der Kirche zu finden. Auch davon legen die Repliken aus dem Kreis der Landeskirchlichen Gemeinschaft Jahu ein beredtes Zeugnis ab. Da ist von Lebens-Gemeinschaft, von gemeinsamen Projekten, von unterschiedlichen Gottesdienstformen, liturgischen Feiern, regelmässigen Gebetszeiten und anderen Ausdrucksweisen gemeinsamen christlichen Lebens die Rede. Wo solches fehlt, wo es in der Gemeinschaft mit Glaubensgeschwistern nicht zur Begegnung mit dem auferstandenen Christus und Herrn der Welt kommt, ist Essentielles verpasst worden oder verloren gegangen.

Lernen heisst, sich begeistern lassen. All die vorangegangenen Lernschritte – Erfahrungen sammeln und reflektieren, sich begleiten und befragen lassen, sich erschüttern lassen und umlernen, Gelerntes neu interpretieren, Gemeinschaft und Gottesdienst pflegen –, all das trägt im Idealfall dazu bei, dass im Lernenden eine gewisse Leidenschaft für Gottes Anliegen, für seine Absichten und Ziele in und mit seiner Welt freigesetzt wird. Hier aber stossen sowohl theologische Ausbildungsstätten als auch die Kirche an die Grenzen des Machbaren: Die Begegnung mit dem Auferstandenen ist und bleibt unverfügbar – und das ist gut so. Gleichwohl können sowohl Universitäten bzw. theologische Seminare als auch Kirchen bzw. kirchliche Gemeinschaften dazu beitragen, dass es zu diesem Unverfügbaren kommen kann. Dies wird insbesondere dann der Fall sein, wenn sich Universität und Kirche, wenn sich Studium und gemeinsames christliches Leben ergänzen, wenn sie die gegenseitige Befruchtung und Inspiration wollen, suchen und fördern.

Lernen heisst, sich von Gott in die Welt senden zu lassen. Theologische Ausbildung muss letztlich über die Begegnung mit dem Auferstandenen in die missio Dei führen. Es geht darum, dass Ausbildungsstätten und die Kirche in all ihren Formen dazu beitragen, die Tagesordnungen der Gesellschaft aufzugreifen, das ‚Seufzen der Schöpfung' (vgl. Röm 8,22) wahrzunehmen und Gottes kommende Welt hier und jetzt zu antizipieren. Das wird immer nur ansatzweise gelingen, in Gebrochenheit und Vorläufigkeit, aber es muss und wird gelingen, weil der Geist des Auferstandenen selbst in und durch die Glieder seines weltweiten Leibes am Wirken ist. Es muss und wird gelingen, weil sich Gottes Geist durch die eine weltweite Kirche, die sich in so vielfältiger Form manifestiert, immer neu wieder offenbart.

Davon legt *Theologische Bildung und Spiritualität. Wie akademische Theologie kirchliche Praxis inspirieren kann,* davon legt der vorliegende erste Band der neuen Reihe *Glaube und Gesellschaft,* am Beispiel der Landeskirchlichen Gemeinschaft Jahu und deren vielfältigen Beziehungen zu akademischen und kirchlichen Traditionen ein ermutigendes Zeugnis ab.